KB190534

시간,

나무가 되다

/

거목이 된 한 순례자의 시간

합신대학원출판부

시간,

나무가 되다

/

거목이 된 한 순례자의 시간

박형용 지음

합신대학원출판부

시간, 나무가 되다 거목이 된 한 순례자의 시간

초판 1쇄   2019년 8월 26일

발 행 인   정창균
지 은 이   박형용
펴 낸 곳   합동신학대학원출판부
주　　소   16517 수원시 영통구 광교중앙로 50 (원천동)
전　　화   (031)217-0629
팩　　스   (031)212-6204
홈페이지   www.hapdong.ac.kr
출판등록번호   제22-1-2호
인 쇄 처   예원프린팅 (031)902-6550
총　　판   (주)기독교출판유통 (031)906-9191

ISBN   978-89-97244-69-0

값은 뒷표지에 있습니다.

「이 도서의 국립중앙도서관 출판예정도서목록(CIP)은 서지정보유통지원시스템
홈페이지(http://seoji.nl.go.kr)와 국가자료종합목록시스템(http://www.nl.go.kr/
kolisnet)에서 이용하실 수 있습니다. (CIP제어번호 : CIP2019029545)」

한 나무가 흙 속에 심어져 성장하면서 풍파에 시달려 이런 저런 경험을 하게 되면 그 나무의 현재 모습이 그려지게 된다. 마찬가지로 사람도 태어난 후 어떤 인도를 받고 어떤 생각으로 한평생을 사느냐에 따라 삶의 내용이 규정지어지게 된다. 다음에 전개될 이야기들은 한 평범한 가정에서 태어난 한 사람이 한평생 살아오면서 경험한 의미 있는 이야기들이다.

한 사람이 이 세상에 태어나 좋은 부모를 만나고, 좋은 배필과 좋은 가족을 만나고, 좋은 친구를 만나고, 좋은 스승을 만나고, 좋은 동역자를 만나는 것은 더할 나위 없는 큰 복이 아닐 수 없다. 그러나 이보다 더 큰 복은 인간의 죄 문제를 그의 십자가 죽음과 죽은 자 가운데서의 부활을 통해 해결해 주신 예수 그리스도를 만나는 것이다. 다음에 전개되는 이야기와 일화들은 세상적인 관점에서는 별 볼 것 없는 것들이겠지만 한 인간이 예수 그리스도를 만난 후 한평생 즐겁고 유익하게 산 삶의 단면들을 기록한 것이다. 세상은 성공한 삶이 아니라고 할 것이다. 높은 지위를 얻어 세도를 부리며 산 삶도 아니요, 돈을 많이 벌어 떵떵거리며 산 삶도 아니기 때문이다.

　하지만 다음의 이야기들은 예수님을 구주로 믿고 한평생 살면서 세도는 부리지 않았으나 마음에 즐거움을 가지고 살았고, 떵떵거리며 살지는 않았으나 당당하면서도 마음에 평강을 누리며 산 사람의 모습이다. 한 사람이 한평생을 살아가는데 항상 평화로울 수만은 없다. 비록 한 인생이 많은 굴곡을 지나갈지라도 오직 주님 예수 그리스도의 섭리적인 인도와 도우심만 있으면 세상적인 관점의 성공적인 삶은 아닐는지 모르지만 형통한 삶은 살 수 있는 것이다. 다음의 일화들은 예수 믿고 사는 삶이 얼마나 즐거웠는지를 공유함으로 성삼위 하나님께 영광과 찬양과 감사를 드리기 위한 것이다.

본서의 내용 중 합동신학원, 합동신학교, 합동신학대학원, 합동신학대학원대학, 합동신학대학원대학교의 명칭이 자주 혼용되고 있다. 이는 현재 수원에 소재한 합동신학대학원대학교의 과거 역사로 인해 생긴 명칭일 뿐 한 기관의 명칭임을 밝혀둔다.

2019년 7월
박 형 용

/목/차/

2. 여름철의 푸르름

3. 가을철의 열매

4. 겨울철의 성숙

사진 목차

1
봄철의 소망

"마땅히 행할 길을 아이에게 가르치라
그리하면 늙어도 그것을 떠나지 아니하리라."

(잠 22:6)

장목동 시골에서 태어난 촌놈

　나는 보성녹차의 고장인 전라남도 보성군 회천면 율포리 (장목동)에서 박지선과 오옥금 사이에서 6녀 2남 중 6번째요, 두 번째 아들로 태어났다. 나는 일본이 아직도 한반도를 점령하고 있을 때인 1942년 태어난 것이다. 대한민국이 일제로부터 해방이 된 해가 1945년이기 때문에 나는 그때 겨우 세 살이었으므로 해방의 기쁨을 체험하지는 못했다. 내가 태어난 율포 2 리 장목동은 전형적인 시골이었다. 우리 부모는 유교에 충실한 사람들로 정직하게 살고 이웃과 평화를 누리며 살기 원하는 평범한 사람들이었지만, 자녀들에게 특정 종교를 강요하지 않았다. 오히려 우리 부모는 넉넉하지는 않았지만, 자녀들에게 재물에 대해 탐심을 갖지 않도록 양육하셨다. 우리 부모는 조그마한 것이라도 이웃들과 나누는 정을 자녀들에게 보여주었다. 내가 살았던 시골집은 비교적 큰 터 위에 세워진 두 동의 건물이 있었다. 안채는 방이 두 개로 큰 방과 작은 방이 있었고 마루가 있었으며 부엌이 있었다. 작은 방 뒤쪽에 소를 키우는 외양간(隈養間)이 있었다. 안채는 시골집으로는 비교적 큰 건물이었지만 별로 쓸모가 없었다. 방이 두 개만 있었기 때문에 대가족인 우리 가족이 쓰기에는 부족함이 많았다. 아래채는 들어오는 길목에 방앗간이 있었고 그 옆에는 화장실(그때는 "칫간"이라 불렀다)과 퇴비를 축적할 수 있는 공간이 있었다. 아래채 옆으로 상당히 넓은 텃밭이 있어서 신선한 채소를 많이 먹을 수 있었다. 그리고 안채 뒤에는 대나무밭이 있어서 집 전체를 아우르고 있었고 때때로 죽순을 먹을 기회를 제공해 주었다. 집터 여기저기에 감나무, 대추나무 등 과실 수가 많이 있었기 때문에 큰 감나무에 자주 올라가곤 했던 기억이 새롭다. 여하간 나는 전형적인 시골에서 자녀들을 사랑하는 부모님을 모시고 형제자매 친구들과 함께 즐겁고 평화롭게 자랐다.

회천초등학교 시절과 공산당 경험

내가 다녔던 회천초등학교(그 당시는 회천국민학교 라고 했다)는 비교적 넓은 운동장이 있었는데 그 주변으로 벚나무가 많이 있어서 벚꽃이 만개할 때는 참으로 아름다운 교정이었다. 나는 일곱살에 1학년에 입학했는데 그다음 해인 1950년 2학년 때 한국 동란인 6.25가 발발하여 전라남도 전역이 공산주의 치하로 넘어가게 되었다. 그 당시 많은 사람이 공산당에 공조하여 이웃을 고발하고 배신하는 일이 비일비재(非一非再)했다. 장목동 사람들도 일부가 공산당에 협력하여 이웃을 괴롭히고 기고만장한 태도를 보이곤 했다. 한 가지 기억되는 일은 공산당이 농부들에게 세금을 매길 때 벼를 심은 논에서 가장 잘 익은 곳을 정하여 그곳의 생산량을 계산한 후 그 기준으로 전체 수확에 대한 세금을 매기곤 했다. 그런데 회천초등학교 2학년 담임선생님이 이복순 여자 선생님이었는데 공산당과 합세하여 활동하다가 공산당이 후퇴하자 그들을 따라 떠나는 일도 있었다. 공산당과 협력하여 동네 주민들을 괴롭힌 사람들도 공산당이 철수하자 그 자취를 감추었다.

나의 아버지 박지선은 공산당으로부터 많은 핍박을 받았다. 그 이유는 나의 누님이 보성경찰서의 순경과 결혼을 했기 때문에 박지선의 가정이 경계의 대상이었기 때문이다. 공산당이 갑자기 우리 집을 덮칠 때는 매형이 때로는 뒤주 속에 숨기도 하고 때로는 산으로 도망하기도 했다. 이렇게 공산당이 우리 지역을 점령하고 후퇴할 때까지 나는 비록 어린 나이였지만 공산당의 잔혹함을 몸으로 느낄 수 있었다.

나는 초등학교 다니면서 비교적 성실하게 공부하고 초등학교 6년의 기간 동안 여러 차례 개근상과 우수상을 받은 바 있다. 나는 1학년, 2학년, 4학년, 5학년, 6학년 학급에서 우수상을 받을 정도로 성실하게 공부했다. 한 가지 기억되는 것은 4학년 때인데 담임선생님이 종합 고사를 치른 후 성적순으로 자리를 배치한 것이다. 그런데 네 번째 자리를 여학생이 차지하게 되었다. 그때 담임선생님이 네 번째 이후에 앉은 남학생들은 "거시기"를 다 떼어버리라고 말해서 모두 웃게 되었다.

지금 시절 같으면 큰일 날 말씀을 하셨지만, 그 당시는 그냥 웃는 것으로 마무리되었다. 나는 다행히 네 번째 이전에 내 자리가 있어서 큰 문제가 없었다.

회심과 미국 남장로교회와의 인연

나는 초등학교에 다니면서 믿음을 갖게 되었고 교회를 알게 되었다. 내가 신앙생활을 시작한 율포교회는 한때 국회 부의장을 지내신 황성수 박사님의 부친이신 보성읍교회 황보익 목사와 미국 남장로교회(PCUS)의 파송을 받은 인휴(Hugh Linton) 선교사의 부친이신 인톤(William Linton) 선교사, 그리고 보이열 (Boyle) 선교사의 도움으로 그 당시 윤천수 집사(후에 장로로 장립 받음)가 그의 밭을 기증하여 1927년 4월 1일 설립 되었다. 그리고 인휴 선교사와 서고덕(Jack Scott) 선교사가 율포교회의 당회 장으로 봉사하기도 하였다. 서고덕 선교사는 후일에 잭슨 미시시피(Jackson, MS)에 세워진 개혁신학대학원(Reformed Theological Seminary)의 교수로 봉직하시기도 했다. 내가 미국에서 공부를 마치고 귀국한 후 서고덕 박사의 Revelation Unfolded를 『계시록의 메시지』(성광문화사, 1985)란 제목으로 번역 출판하기도 했다.

나는 미국 남장로 교회와 관계가 있는 율포교회에서 신앙생활을 시작하였다. 그런데 나는 후에 미국장로교회(PCA)의 해외선교부(Mission to the World)의 파송을 받아 한국에서 교육선교사로 봉사하게 되는데 이는 하나님의 섭리를 느끼게 하는 대목이다. 왜냐하면 미국장로교회(PCA)는 신학적인 문제로 교회들과 목회자들이 남장로교회(PCUS)에서 분립하여 1973년 12월 4-7일 앨라배마주 버밍햄시에 소재한 브라이어우드장로교회(Briarwood Presbyterian Church)에서 창립한 교단이기 때문이다. 현재 미국장로교회는 복음주의 교단으로는 가장 큰 교단으로 미국에서 가장 활발하게 활동하는 교단이다.

내가 신앙생활을 시작할 당시 율포교회는 서울의 총회신학교 학생이셨던 이순배 전도사, 이기재 전도사, 유춘식 전도사 등이 순천에 본부를 둔 미국의 남장로교회의 선교사들의 후원을 받아 담임 목회자로 섬겼다. 나는 중학교 3학년을 시작할 때인 1956년 1월 14일 세례를 받았다. 나는 어린 나이에 예수를 믿었지만, 교회에서 시간을 보내는 것이 즐거움 중의 하나였다. 내가 신앙생활을 시작한 율포교회는 1965년 회천중앙교회로 이름을 바꾼다.

보성중학교 시절 이야기

나의 보성중학교 시절은 매형댁의 많은 도움을 받은 기간
이었다. 매형께서 보성경찰서에서 근무하고 계셨기 때문에
매형댁의 한 방에서 기거하면서 학교에 다닐 수 있었다. 매형
은 북한 지방에서 공산주의를 피해 남하한 분인데 그런 관계
로 가족이 많지 않은 분이셨다. 매형은 참으로 좋은 성격의 소
유자였고 남을 배려하는 분이셨다. 법이 없어도 사실 수 있는
분이셨다. 보성중학교는 교장이 안태시 교장이셨는데 이분은
유교에 철저하신 선생님이셨다. 그래서 학교의 반 이름을 성
적순으로 하여 인(仁), 의(義), 예(禮), 지(智), 신(信), 화(和)로 정하
여 명명하였다. 나는 인조에 속해 있었다. 화조는 여학생이 속
한 반이다.

시간, 나무가 되다 : 거목이 된 한 순례자의 시간

보성중학교 다닐 때 한 번은 이런 일이 있었던 것이 기억된다. 내가 학교 수업을 마치고 조금 이른 시간에 집에 도착하였다. 우리가 그 당시 살고 있었던 매형의 집은 대문이 본채와 약간 떨어져 있었고 울타리가 둘러 있어서 대문과 본채 사이에 상당한 간격이 있는 시골 스타일 집이었다. 그런데 학교에서 귀가한 내가 집에서 공부하다가 깜박 잠이 들었다. 그 사이 매형이 집에 도착했는데 대문이 잠겨 있었기 때문에 들어올 수가 없어서 돌을 여러 차례 집 쪽으로 던져서 나를 깨우려고 했지만 실패하고 곤욕을 치른 사건이 있었다. 많은 시간이 흐른 후에야 내가 깨어나서 매형이 들어 올 수 있었다. 그때 일을 생각하면 매형과 누나에게 감사의 마음을 금할 수가 없다. 매형과 누나는 그들의 희생을 통해 나의 생애의 한 부분을 성실하게 만들어 주셨다.

서울에서의 고생과
하나님의 인도

　나는 보성중학교를 1957년 2월 졸업한 후 서울로 유학을 떠
난다. 시골 벽촌에서 태어난 내가 한국의 수도 서울의 땅을 밟
은 해는 내가 중학교를 졸업하기 바로 전해 말인 1956년, 아직
도 한국 동란의 폐허가 잔존하는 시기였다. 그 당시 우리 가정
은 부친이 소작농으로 생계를 꾸려나가고 있었기 때문에 밥
은 굶지 않았으나 자녀를 광주나 순천에서 공부시킬 수 있는
여건이 아니었다. 나는 그 당시 인기가 있고 졸업 후 직장도 보
장이 되는 광주 사범학교나 순천 사범학교에 진학할 생각도
했다. 그러나 나는 율포교회의 전도사님들과의 관계로 서울
로 유학의 길을 떠날 수 있게 된 것이다. 총신대학원에서 교무

과장으로 수고하시다가 은퇴하신 형님 되신 박형만 장로(당시 집사)는 1956년 8월쯤 서울로 올라와 계셨다. 나는 아는 전도사님들도 서울에 계시고 형님도 이미 서울에 계셨기 때문에 편안한 마음으로 서울로 유학을 떠난 것이다. 한마디로 말해서 나는 예수님 때문에 감히 서울로 유학을 할 수 있게 되었다.

나의 서울 생활은 힘든 여정이었다. 서울에서도 경제적인 사정은 대단히 어려운 형편이었기 때문에 나는 장학금을 받고 공부하는 고등학교를 찾았다. 마침 서울 한강로 3가에 국립교통고등학교가 있었고, 원효로 3가에는 국립 체신고등학교가 있었다. 이 두 학교는 국비로 학생을 공부시켜 교통 공무원과 체신 공무원을 양성하고 있었다. 나는 교통고등학교에 입학하면 졸업 후에 기차를 타고 계속 돌아다녀야 할 것처럼 생각되어 국립 체신고등학교로 마음을 정했다. 나는 1956년 말 다음 해 입학을 위해 특차로 시행되는 국립 체신고등학교 입학시험을 치른다. 하지만 나는 시험에 자신이 있었음에도 불구하고 처음 시도에 실패하고 만다. 그 후 나는 밤으로 야간 공부를 하면서 낮에는 때로는 아이스케이크, 빵 등을 팔고, 때로는 신문을 팔면서 일 년을 보냈다. 이 기간에 나는 서울 중구 회현동에 위치한 총회신학교 기숙사 근처의 판잣집(그 당시는 하꼬방이라 불렀음)에서 주로 수제비를 먹으면서 살았다. 한동안은 다다미 1조와 반조를 합친 정도의 공간에서 신학생인 5, 6명의 전도사님과 형님 그리고 내가 함께 잠을 잘 때도 자주 있었다. 나는 일 년 후 1957년 말에 다시 국립 체신고등학교의 문을 두드린다. 나는 첫해의 시험과는 달리 두 번째의 시험은 영 자신이 없었다. 그래서 나는 두 번째 시험에도 불합격되리라 생각했다. 그런데 두 번째 시험에 합격의 영광을 얻은 것이다. 아마도 하나님은 나를 겸손하게 만든 후 합격하도록 섭리하신 것 아닌가 생각해 본다. 그래서 나는 국립 체신고등학교에서 한국의 두뇌집단과 함께 3년을 등록금 전액 면제받고 잡비를 조금씩 받으면서 공부를 한다. 나는 우수한 성적으로 국립 체신고등학교 3년의 과정을 마치고 1961년 2월에 졸업한다.

체신고등학교 졸업 후
부산으로 배치되다

국립 체신고등학교 졸업반 때 졸업 후에 근무할 직장을 위해 학교에서 희망 직장을 신청하도록 한다. 그리고 체신부는 체신고등학교와 협의하여 학생들의 졸업 후의 사역지를 배치한다. 1961년 2월에 체신고등학교를 졸업한 나는 체신고등학교 3년 내내 학급 반에서 1등이나 2등을 한 관계로 성적에 비추어 제1차 지망은 광화문 소재 서울중앙 전신국으로 하고, 제2차 지망은 1차 지망에 배정되리라 생각하고 별생각 없이 한국의 두 번째 도시인 부산에 위치한 부산 전신국으로 신청을 했다. 나는 그 당시 부산에 아는 사람이 한 사람도 없었고 부산에 가 본 적도 없었다. 제2차 지망 장소를 부산으로 한 것은 부산이 한국에서 두 번째로 큰 도시였기 때문이다. 그런데 내가 체신고등학교를 졸업하던 해에 체신부의 누군가가 그해 졸업생 배치를 모두 2차 지망 장소로 배정했다.

나는 체신고등학교 3학년 때에 목회에 대한 소명(calling)을 받았기 때문에 그 준비를 하기를 원했다. 나는 서울중앙 전신국에서 근무하면서 대학 공부를 계속할 생각으로 계획을 세우고 필요한 준비를 하고 있었는데 예상하지 않게 부산 전신국으로 배치를 받게 된 것이다. 그래서 고등학교 3학년인 나는 학생의 신분이지만 체신부의 사무를 책임 맡은 체신부 사무차관을 면회하고 배치를 변경해 달라고 부탁하기로 작정하고 기도하던 중 지혜를 얻게 되었다. 나는 우선 전라남도 보성을 대표하고 있는 국회의원을 찾아가 자초지종을 설명하고 명함을 하나 얻는 것이 필요하다고 생각했다. 나는 고등학생복(목 옷깃이 있는 검정 학생복) 차림으로 그 당시 신당동에 살고 계셨던 이정래 국회의원을 찾아갔다. 이정래 국회의원을 면회한 후 자초지종을 이야기하고 명함 한 장을 얻었다. 그리고 현재 서울 시청 옆에 자리하고 있었던 체신부 청사에 가서 사무차관 면회를 신청하였다. 나는 사무차관께 체신고등학교에서 좋은 성적으로 공부한 사실과 앞으로도 공부를 계속하기를 원한다는 계획을 진술하게 설명하고, 나의 직장 배치가 부산 전신국으로 되었는데 서울중앙 전신국으로 옮겨 주실 것을 부탁드렸다. 사무차관께서는 비서를 통해 인사계장을 부르시더니 그 자리에서 "이 학생 학교에서 공부도 잘했고 앞으로도 계속 공부할 생각이 있다는데 이 학생의 배치가 부산 전신국으로 되었으니 서울중앙 전신국으로 옮겨 줘"라고 지시를 내리셨다. 인사계장은 사무차관의 지시에 아무런 반대도 하지 못하고 "예," "예"라고만 대답했다. 그래서 나는 부산 전신국에서 서울중앙 전신국으로 재배치를 받게 되었다.

이에 나는 체신고등학교 졸업 후 부산에 가 보지도 않은 채 서울중앙 전신국에서 근무를 시작하게 되었다. 그 당시 나는 체신고등학교 선배들이 직장 사역을 하면서 성균관대학교, 한양대학교, 명지대학교, 고려대학교, 단국대학교, 중앙대학교 등의 학교에 적을 두고 공부하는 것을 알고 있었다. 주경야독이라 할까. 나는 거리상으로 광화문에서 가장 가깝고 이화여대와 연관된 관계로 좋은 교수들이 강의하고 있는 것으로 상당히 명성이 있었던 서대문 소재 국제대학(현재 서경대학교)에 입학하여 낮에는 열심히 일하고 저녁에는 열심히 공부했다. 나는 4년의 과정을 마치고 1965년 2월 졸업할 때 전교 최우수상을 받기도 했다.

그러나 여기서 반드시 언급할 것은 내가 꼭 대학을 가야 하겠다고 다짐한 것은 체신고등학교 졸업 반 때에 목회의 소명을 받았다는 사실 때문이었다. 그 당시로 봐서 안전한 직장이 보장되었지만 고등학교 때 기술을 많이 공부한 나는 목회의 소명을 받았기 때문에 인문 계통의 학문을 습득해야 한다고 생각한 것이다. 그래서 국제대학 영문과에 입학원서를 내고 시험을 치러 합격한 후 4년의 과정을 거쳐 졸업을 하게 된 것이다.

군 입대와 하나님의 은혜

　나는 대학을 졸업한 후 얼마 있다가 1965년 3월 25일 육군에 입대하게 된다. 나는 고향이 전라남도 보성이었기에 훈련소 배치가 광주 근처 송정리에 있는 훈련소로 배치되었다. 그 당시 많은 훈련병이 논산으로 배치되어 훈련을 받았는데 나는 송정리에서 기초 훈련을 받았다. 그래서 나의 군번은 2로부터 시작한다(21025148). 송정리 훈련소에서 기초 훈련을 마친 나는 대구 근처 영천이라는 곳에 있는 부관학교로 이송되었다. 부관학교는 군대 내의 행정 사병이 훈련하는 학교였다. 부관학교에서 교육을 받을 당시 소위 개구멍으로 빠져나가 근처의 사과밭에서 사과 서리를 한 기억도 있다. 나는 부관학교에서 8주간의 훈련을 받고 춘천에 있는 제3 보충대로 임시 배치되어 영구 부대 배치를 기다리게 된다. 제3 보충대에 머무르는 동안 지금도 기억에 생생하게 남아 있는 것은 보충대 옆을 흐르는 소양강변에서 아주머니들이 파는 노란 떡은 참으로 맛이 있었다는 것이다.

1965년 7월 8일 나는 다른 동료들과 함께 두 대의 트럭 위에 실려 어디론가 움직였는데 도착한 곳이 원주에 위치한 제1군 사령부였다. 그 당시 한국의 군 체제는 제1군 사령부와 제2군 사령부로 되어있었는데 제1군 사령부가 전방을 맡고 있어서 막강한 위력을 가지고 있었다. 나중에 안 사실이지만 내가 제1군 사령부에서 군 복무를 하는 동안 제1군 사령관은 대한예수교 장로회(합동)에 속한 승동교회 장로님으로 전역하신 후에 박정희 대통령 밑에서 비서실장을 하셨던 김계원 장군이셨다. 나는 제1군사령부 부관부 행정실에 배치되어 군 복무를 시작하였다. 부관부 행정실에서의 근무는 큰 문제가 없었다. 하지만 그 당시 군인들이 내무반에서 생활했는데 근무 시간이 끝나면 내무반에서 상관들의 행패가 약간은 있었다. 그러나 나의 제1군사령부에서의 군 복무는 비교적 평탄한 것이었다.

나는 고등학교 3학년 때 복음 사역의 소명을 받았기 때문에 가능하면 군 복무도 신학 공부와 목회 사역에 도움이 되었으면 하는 소망을 가지고 있었다. 지금도 한국 군대 내에 그런

제도가 있지만, 그 당시도 한국 군인으로 미군들과 함께 사역하는 카투사(KATUSA) 제도가 있었다. 그 당시는 현역병들이 카투사로 지원할 수 있는 제도가 있었다. 나는 1966년 5월 3일 카투사로 전출되었고, 마침 용산의 304 통신부대의 에이(A) 소대가 영등포에 소재한 어느 맥주 회사 옆에 있었는데 바로 그 에이(A) 소대로 배치되었다.

나는 카투사(KATUSA)로 복무하면서 우선 영어를 숙련할 수 있었고, 그리고 미국 버지니아에서 온 잔 테일러(John Taylor)라는 친구를 통해 그의 숙모 베티 벤닝톤(Betty Bennington)과 펜팔을 하게 되었다. 펜팔을 시작한 해가 1966년이었는데 베티가 2009년 하나님의 부르심을 받을 때까지 43년 동안 그리스도 안에서의 우리의 우정은 계속되었다. 여기서 베티 벤닝톤을 언급한 것은 다음에 언급될 베티와의 특별한 관계 때문이다. 나는 1967년 9월 9일 병장으로 만기 제대를 하고 군 복무를 마쳤다. 나의 복무기간은 많이 단축된 시기였는데 그 이유는 북한 괴뢰정권이 청와대를 공격하기 위해 김신조 일당을 남파한 사건이 있기 얼마 전이었기 때문이다. 김신조 일당 사건 이후 사병들의 복무기간은 대폭 연장되었다.

2
여름철의 푸르름

"너는 청년의 때에 너의 창조주를 기억하라." (전 12:1)
"그런즉 너희는 먼저 그의 나라와 그의 의를 구하라
그리하면 이 모든 것을 너희에게 더 하시리라."(마 6:33)

총회신학교에서
하나님의 사역을 위한 준비

나는 1967년 3월 사당동 소재 총회신학교 신대원에 입학한다. 나의 군 제대 일자가 1967년 9월 9일인데 총회신학교 입학을 같은 해 3월에 할 수 있었던 것은 특별한 배려 때문이었다. 이는 내가 복무한 부대가 미군 부대였기 때문에 가능한 일이요, 미국 동료 병사들의 허락이 있었기 때문에 가능한 일이었다. 한국 군대였으면 불가능한 일이었다. 그리고 부대의 근무 특성상 저녁 당번을 하면 다른 동료들이 더 좋아하는 상황이었다. 그래서 나는 책임자의 허락을 받아 1967년 3월에 총회신학교에 입학하여 첫 학기를 군인의 신분으로 마치게 되었다. 내가 정치에 입문했더라면 군 복무와 공부를 같은 시간대에

했다는 이유로 국회 청문회 통과를 할 수 없었을 것 같다고 생각을 해 본다. 한 가지 특이한 기억은 같은 부대의 미국 동료 중에 페리(Perry)라는 이름을 가진 동료가 있었는데 그가 나를 미국군인 지프(Jeep)차로 몇 차례 총회신학교까지 데려다준 사실이다. 군부대가 있는 영등포에서 신학교가 위치한 사당동까지는 교통이 좋은 편이 아니었다. 지금처럼 상도동에서 사당동으로 이어지는 차도가 마련되지 않은 상태였다. 그 당시 총회신학교가 위치한 사당동은 주변이 논으로 둘러싸여 교통이 대단히 불편한 장소였다. 지금 생각하면 군인의 신분으로 학교를 시작한 것이 규칙을 어긴 것 같아 죄송한 마음이 있지만, 동료들의 큰 배려를 생각하면 참으로 감사할 뿐이다.

나는 총회신학교에서 많은 훌륭한 교수님들 밑에서 개혁주의 신학교육을 받았다. 나의 신학 3년 수업 기간은 기쁘고 즐거운 시간이었다. 우선 좋은 교수님들을 통해 교육을 받는다는 것이 기쁨이고 자랑이었다. 그리고 좋은 친구들을 사귈 수 있었던 것이 행운이요 기쁨이었다. 내가 교수하면서 신학생들에게 "그대들이 신학생으로 있을 때 적어도 5명의 친한 친구를 사귀어야 한다. 아내에게도 말할 수 없는 고민을 상의할 수 있는 친구를 적어도 5명을 가지면 목회가 즐거울 것이다. 그리고 늙어서도 서로 목사나 박사 등 존칭을 붙이지 않고 상대방의 이름을 부를 수 있는 친구 관계를 유지하면(즉, 홍길동을 "길동아"라고) 목회의 사역이 한결 가벼울 것이다"라고 권면하는 배경은 내가 총신 신대원에서 좋은 친구들을 얻었기 때문이다.

나는 총신대학교 신대원 기간에 김상욱, 문인현, 서춘웅, 유영훈, 이선근, 이인건, 이정일, 이춘묵, 천성덕, 홍정길, 황재엽(소천) 등의 친구들과 함께 금요일이 되면 삼각산 기도원에 가서 밤을 새우면서 기도하곤 한 기억이 새롭다. 그 당시에는 삼각산에 불법 기도원이 많이 있었다. 이들 좋은 친구들과는 한평생 교류하면서 지내왔다. 지금도 우리가 총신 63회 동창이기에 매년 6월 3일과 가까운 첫 주 월요일을 끼고 동창회로 모인다. 지금도 모이면 모두 70세를 넘긴 나이이지만 서로 말을 놓으면서 가깝게 지내고 있다.

박형룡(朴亨龍) 박사와 박형용(朴炯庸), 이름이 가져다주는 일화들

이제 시간을 거꾸로 돌려 나의 신학교육에 관해 잠시 생각해 본다. 인생의 행로에서 좋은 사람을 만난다는 것은 큰 복이 아닐 수 없다. 사람이 태어나서 좋은 친구를 만나는 것이 복된 일이요, 좋은 배필을 만나는 것도 복된 일이며, 또한 좋은 스승을 만나는 것도 복된 일이다. 총신 63회(1969년 12월 11일 졸업)는 그런 의미에서 이상에 언급한 세 가지 복 중의 한 가지 복을 얻은 사람들이다. 그 당시 총신 교수로 봉직한 스승들은 박형룡 박사(Park, Hyung Nong), 이상근 박사, 박아론 박사(이상 조직신학), 최의원 박사(구약신학), 박윤선 박사, 간하배 박사(Harvie Conn)(이상 신약신학), 김의환 박사(역사신학), 명신홍 박사, 차남진 박사,

김득룡교수(이상 실천신학) 등의 정교수들과 김희보 목사(구약신학), 이순한 목사(헬라어), 박희천 목사(설교학) 등의 강사가 수고하고 계셨다. 총신 63회는 이런 훌륭한 교수들 밑에서 훈련받을 수 있는 특권을 누렸다. 총신 63회가 교문을 나선지 벌써 50년의 세월이 흘렀다. 옛말처럼 강산이 거의 다섯 번째 변하는 시간이다. 이제 반세기를 뒤돌아보며 우리들의 삶과 목회 현장에 큰 영향을 미친 스승이신 죽산 박형룡 박사와 제자들 간에 있었던 일화들을 더듬어 보고자 한다.

"다른 사람들의 화원에서 꺾어 모은 꽃다발"

총신 63회 학생들은 "다른 사람들의 화원에서 꺾어 모은 꽃다발"로 조직신학을 공부했다. 이 말은 박형룡 박사가 자신의 조직신학을 "다른 사람들의 화원에서 꺾어 모은 꽃다발"(교의신학 서론, 머리말에서)이라고 겸손하게 표현하셨기에 하는 말이다. 박형룡 박사는 한국 보수신학의 기초를 놓으신 분이다. 주경신학 분야에서 기초를 놓으신 분이 박윤선 박사라면 조직신학 분야에서 기초를 놓으신 분은 박형룡 박사이시다. 박형룡 박사의 조직신학은 루이스 벌코프(Louis Berkhof)의 조직신학을 골격으로 삼고 많은 개혁주의 학자들의 저술이나 논문을 사용하여 완성한 작품이다. 총신 63회 졸업생들은 개혁주의 신학에 입각하여 저술한 박형룡 박사의 책을 교재로 삼고 조직신학을 배울 수 있는 특권을 누렸다. 박형룡 박사께서 강의하실 때는 거의 모든 시간 의자에 앉아서 강의하시곤 했다. 그리고 박형룡 박사는 교재의 중요한 부분을 읽으시고 약간의 논평을 하신 후 "넘어 갑네다"라고 말씀하시고 다음 단락 혹은 다음 장으로 넘어가시곤 했다. 그렇게 한 학기를 공부하면 대략 교재의 절반 정도 진도가 나간다. 학기말이 되어 박형룡 박사께서 기말시험을 위해 예제를 주시겠다고 하자 학생들은 서, 너 문제의 예제만 예상하면서 모두 다 즐거워했다. 왜냐하면 교재 전체로 한다면 시험 범위가 너무 넓기 때문이었다. 다음 시간 예제를 받아든 학생들은 놀라움을 금치 못했다. 박형룡 박사가 준비한 예제는 교재 전체를 세세한 부분까지 모두 포함하고 있었기 때문이다.

그리고 한 가지 덧붙일 것은 수업 시간에 지각하는 학생들에게 박형룡 박사는 "만도(晚到)는 미도(未到)보다 낫습네다"라는 말씀을 하시곤 했다. 아주 오지 않는 것보다 늦게라도 오는 것이 낫다는 의미이다. 그런 말을 들은 학생들은 다음에는 늦지 않겠다는 각오를 다짐하곤 했다.

시간, 나무가 되다 : 거목이 된 한 순례자의 시간

"박형룡(朴亨龍)과 박형용(朴炯庸)"

조직신학 수업을 시작할 때 한 가지 재미있는 일화가 있다. 그것은 이름과 관련된 일화이다. 다른 교수님들은 강의 시작 전에 학생들의 출석을 점검하기 위해 1번부터 시작하여 학생들의 이름을 호명하곤 했다. 그런데 조직신학 시간에는 출석 부르는 관습이 사라졌다. 그 이유는 63회 동기생 중에 박형용이란 이름을 가진 학생이 있었기 때문이다. 그래서 박형룡 박사는 학생들의 이름을 불러 출석 점검하는 것을 자주 건너뛰곤 하셨다. 가끔 출석을 부를 경우 박형룡 박사는 이름을 부르는 대신 일 번, 이 번 하시면서 번호를 사용하셨다.

출석 부르는 것과 관련하여 또 한 가지 재미있는 사실은 변증학 시간에 있었던 일이다. 변증학은 박형룡 박사의 아들이신 박아론 교수가 가르치셨다. 박아론 교수는 미국에서 공부하고 귀국한 지 얼마 되지 않은 젊은 교수이셨다. 박아론 교수는 선친의 이름을 함부로 부를 수 없었던지, 아니면 좀 어색하게 생각했던지 선친의 이름과 같은 이름을 가진 박형용 학생 때문에 63회 동기들을 가르칠 때는 출석을 자주 점검하지 않으셨다. 그런 이유로 결석한 학생이 득을 본 경우도 있었다.

나(박형용)와 박아론 교수와의 관계는 그 이후에도 계속된다. 내가 미국 유학을 마치고 1977년부터 1980년 합동신학교가 설립되기까지 모교인 총신 신대원 교수로 봉직한 바 있다. 이 기간에 나(박형용)와 박아론 교수가 함께 교수로 봉직하게 되었다. 나로서는 박아론 교수님이 스승이 되고, 박아론 박사로서는 내가 선친의 이름과 같은 이름을 가진 동료가 된 것이다. 그런 이유로 박아론 박사는 나의 이름을 "박형용 박사" 혹은 "박형용 교수"라고 부르지 않고 그냥 "박 박사" 혹은 "박 교수"로 부르곤 하셨다.

박형용의 외국 편지 검열관 박형룡 박사

나는 신학교 재학시절 미국과 노르웨이에서 친구들로부터 편지를 받곤 했다. 1960년대 후반에 외국에서부터 편지를 받는 것은 그리 흔한 일이 아니었다. 그것도 신학생이 외국에서 편지 받는 것은 더군다나 흔하지 않은 일이었다. 그런데 나는 가끔 외국 친구들로부터 편지를 받곤 했는데 신학교의 편지 배분 책임을 맡은 직원이 나의 편지를 박형룡 박사에게 전달하곤 했다. 그도 그럴 것이 학생 박형용이 외국으로부터 영문 편지 받을 것을 전혀 기대하지 못했기 때문이다. 나의 편지는 먼저 박형룡 박사의 검열을 필한 후 나에게 전달되곤 했다.

한번은 1968년 내가 신대원 2학년이었을 때 이런 일이 있었다. 미국 버지니아(Virginia)주 코베스빌(Covesville)에 살고 계시는 베티 베닝톤(Betty Bennington)이 박형용(Hyung Yong Park) 앞으로 편지와 함께 약간의 돈을 체크(check)로 보낸 적이 있었다. 하루는 박형룡 박사님이 경건회 인도를 마친 후 강당 입구(총신대학 구건물, 그 당시 그 건물을 비둘기 집이라 불렀음)에서 나와 마주치게 되었다. 박형룡 박사님께서 "박 조사, 이거 박 조사 편지 아니야"라고 말씀하시면서 체크가 든 편지를 개봉된 채 건네주시는 것 아닌가. 이렇게 박형룡 박사는 신학생 박형용의 편지를 검열하시곤 했다. 모두 다 이름 때문에 생긴 일이었다.

"박형룡 박사"와 대천 해수욕장

우리 가족이 윤영탁 교수 가족과 홍정길 목사 가족과 함께 1978년 여름 피서를 대천 해수욕장으로 갔었다(박형룡 박사는 1978년 10월 25일 소천, 당시 83세). 마침 대천 해수욕장을 약간 벗어난 한 동네에 거처를 정하고 여름휴가를 즐길 수 있게 되었다. 1978년은 내가 36세의 젊은 나이로 총신 신대원 조교수로 시작한 지 한 해를 넘긴 해이다. 대천에서 한 이틀쯤 지냈을 때 60이 훨씬 넘은 머리가 하얀 시골 교회의 할아버지 목사님이 논길을 통해 우리들의 숙소로 헐레벌떡 달려오셨다. 그래서 어찌 된 일이냐고 물으니 할아버지 목사님께서 "여기 박형룡 박사님이 와 계신다는 소식을 듣고 내가 찾아뵙고 인사드리려고 이렇게 달려왔다"고 대답하셨다. 36세 된 새파란 나는 몸 둘 곳을 찾을 수 없을 정도로 민망했지만 박형용이란 이름 때문에 생긴 것으로 돌리고 웃을 수밖에 없었다. 이 사건은 윤영탁 교수가 증인으로 그때 일을 회상하면 항상 이야기하는 일화이다.

주는 자도 박형용 받는 자도 박형용

나는 기네스북에 오를만한 한 문서를 소유하고 있다. 그 문서는 바로 나의 총회신학교 졸업 증서이다. 나의 신학교 졸업장에는 "제63회 박형용, 주 후 1942년 1월 20일생, 이분은 본교 신과 3년 전 과정을 이수하였기로 본 장을 수여함, 주 후 1969년 12월 11일 운영 이사장 노진현, 재단 이사장 백남조, 교장 박형용"으로 되어 있다. 어떤 이유에서인지는 알 수 없으나 63회 졸업 증서에는 교장의 이름을 박형룡으로 기재하지 않고 박형용으로 기재했다. 결국 졸업 증서를 주는 자도 박형용이요 받는 자도 박형용이 되었다. 주는 자는 교장이요 받는 자는 졸업생이었다.

No. 2514

대한예수교장로회총회신학교

The General Assembly Theological Seminary of the Presbyterian Church of Korea

졸 업 장

제六十三회

박 형 용

주후一九四二년 一 월 二0 일생

이 분은 본교 신과 三년 전과정을 이수하였기로 본장을 수여함

It is hereby certified that

has satisfactorily completed the regular course of prescribed studies in this Seminary
In witness there of the Seal of the Seminary and the signatures as authorized by the Board of Directors are here to affixed

Given at Seoul Korea this Eleventh day of December
In the year of our Lord Nineteen Hundred and Sixty Nine

주후一九六九년 십二월 십一일

운영이사장 노 진 현   Chairman of the Board of Directors

재단이사장 백 남 조   Chairman of the Board of Trustees

교 장 박 형 용   President of the Seminary

〈나의 총회신학교 졸업장〉

박형용과 3000만환 사건

총회신학교 역사상 1957년경에 있었던 3000만환(화폐 개혁 전) 사건은 기분 좋은 사건이 아니다. 해방 후 총신은 일본 점령 시대 때 신사(神祀)로 사용되었던 장소(남산의 신사 터)를 임시 교사로 사용하고 있었다. 그 당시 총신의 교장은 박형룡 박사였고 총무과장은 박래성 목사였으며 서무주임은 김창준 장로였다. 그런데 마침 그 당시 숭의 여고(남산 밑 옛 KBS가 있던 근처) 교지를 정부로부터 불하받는데 큰 역할을 한 박호근 장로가 총신 대지도 정부로부터 불하받도록 해 주겠다는 제안을 했다. 그의 교섭 비용으로 총신에서 지출한 금액이 3000만환이었다. 박호근 장로의 주도로 교지의 불하를 정부로부터 받기 위해 노력했지만 이런 시도는 결국 실패하고 신학교가 3000만환의 손실을 보게 되었다. 이 사건은 그 당시 학교의 모든 관계자가 잘 알고 진행된 사건이었다. 특히 총신을 경제적으로 돕고 있던 선교사들도 잘 알고 있었다. 그런데 그 당시 대한예수교장로회 교단 내에는 신학적 허용주의를 용납하는 에큐메니칼(Ecumenical) 쪽과 보수 개혁주의를 주장하는 복음주의(National Association of Evangelicals, NAE쪽으로 호칭됨) 쪽과 팽팽한 대립이 있었던 때였다. 총신 교장이신 박형룡 박사는 복음주의 쪽에 서 계셨다. 이를 못마땅하게 여긴 선교사들과 교단 내의 에큐메니칼 주장자들이 박형룡 박사와 3000만환 사건을 연계시켜 "엔에이이"(NAE) 쪽을 공격했고 결국 교장 박형룡 박사, 총무과장 박래성 목사, 그리고 서무주임 김창준 장로가 도의적 책임을 지고 물러난 사건이 있었다. 이런 연유 때문에 이 사건을 언급할 때는 "박형룡 박사의 3000만환 사건"으로 통하게 되었다.

그런데 박형룡 박사와 이름이 같은 이유로 인해 나와 이 사건을 연계시켜 잘못 이해하는 경우가 있어 곤혹스러울 때가 있다. 1995년 2월 7일(화) 자 국민일보는 노진현 목사님의「진실과 증언」이라는 책 출판을 계기로 "1백년 한국 교회사 산 증인"이라는 제하의 기사를 실었다(이지현 기자). 노진현 목사님은 한 세기를 거의 사신 한국 교회 형성기의 산 증인이시다. 그런데 국민일보는 1995년 2월 7일 자 신문에 3000만환 사건을 언급하면서 "합동신학교의 박형룡 박사의 신학 기금 유용사건으로 알려져 왔다"라는 기사를 실었다. 나의 항의와 정정 요청을 받은 국민일보는 1995년 2월 9(목)일 자에 다음과 같은 정정 기사를 실은 바 있다.

"지난 7일 자(일부 지방 8일) 22면 1백년 한국교회사 산 증인 제하의 기사 가운데『1959년「44차 예장 총회」에서 장로교단이 합동과 통합으로 분열된 원인은 신학적 견해 차이와 **합동신학교 박형룡 박사의 신학기금유용 사건**으로 알려져 왔다. 그러나 노진현 목사는 교단분열의 원인은 에큐메니컬 운동과 복음주의 운동의 대립이었다고 증언했다.」부분에서 「합동신학교 박형룡 박사」는 「총회신학교 박형룡 박사」의 오기였음을 알려 드립니다. 현재 합동신학교 박형룡 목사와 총회신학교 박형룡 목사가 동명이인으로 빚어진 착오였음을 알려 드립니다."

이처럼 나는 박형룡 박사와 이름이 같다는 이유로 여러 가지 재미있는 일화를 가지고 있다. 하나님의 섭리로 박형룡 박사나 내가 같은 장로교회에 속했고, 같은 개혁주의적 신학 전통에 서 있게 되었고, 같은 교단에 속했었고, 같은 신학교와 연관을 갖게 되었기 때문에 이런 일화가 생겼다고 생각한다. 달리 표현하자면 하나님께서 나에게 훌륭하신 박형룡 박사를 만날 수 있는 공간을 마련해 주셔서 그분을 알고, 그분에게 배우고, 약간의 삶의 경험들을 공유하게 해 주셔서 나의 삶을 더 풍요하게 해 주셨다고 생각한다.

박아론 박사의 재치와 추천서

박형룡 박사의 이름과 관계하여 웃지 못할 이야기가 또 있다. 내가 합동신학대학원대학교의 총장 임무를 마치고 교수로 재직하고 있을 때였다. 서울에 위치한 서울성경신학대학원대학교에서 본인에게 총장직을 맡아 달라는 요청이 있었다. 그래서 본인은 2008년 합동신학대학원대학교를 떠나 서울성경신학대학원대학교의 총장으로 봉사하고 있을 때이다.

그런데 어느 날 박형룡 박사의 맏아들이신 박아론 박사가 본인에게 전화를 주셨다. 박아론 박사님이 전화를 주시리라고는 전혀 생각하지 못했는데 갑자기 전화를 주신 것이다. 본인은 총회신학대학원 3년 동안 박형룡 박사와 박아론 박사 두 분의 가르침을 받았다. 그러므로 박아론 박사는 본인의 스승이시다. 그런데 본인의 스승이신 박아론 박사님으로부터 전화가 온 것이다. 본인이 어떻게 전화를 주셨느냐고 묻자 박아론 박사님이 설명하시기를 "예전에 펴냈던 「새벽기도의 신학」을 수정 보완하여 다시 펴내게 되었다"고 말씀하시고, 본인에게 추천서를 좀 써 달라고 부탁하셨다. 그래서 본인이 즉각적으로 "그런 법은 없습니다. 어떻게 제자가 스승의 책에 추천서를 쓸 수 있습니까? 그건 안 되는 일입니다"라고 강하게 말씀을 드렸다. 그런데 박아론 박사님이 잠시 주춤하시더니 희한한 말씀을 하시는 것이다. 박아론 박사님이 "박 박사, 아버지가 아들의 책에 추천서를 못 쓰는 이유가 어디 있단 말인가?"라고 말하면서 추천서를 써 달라고 하셨다. 그래서 할 수 없이 예의가 아닌 줄 알면서 스승이신 박아론 박사의 「새벽기도의 신학」을 위해 추천서를 쓰게 되었다. 이름 때문에 발생한 한 일화이다.

정리하는 말

박형룡 박사는 참으로 큰 인물이다. 하나님이 역사의 격랑 (激浪)기를 살아온 한국 교회를 위해 박형룡 박사를 크게 사용하셨다. 그가 없었다면 오늘날의 한국 교회가 이처럼 보수적인 교회로 남아 있을 수 있었을까 생각해 본다. 그는 보수주의 신학자로서 당시 김재준 박사를 중심으로 번져 나가는 자유주의 신학을 견제하기 위해 「신학정론」(Shinhakjunglon)을 서둘러 출판한 것으로 사료된다. 박형룡 박사는 평양신학교에서 발간한 「신학지남」이 폐간된 상태였기에 신학의 정론지의 필요를 느꼈을 것이다. 나는 박형룡 박사의 주도로 편찬된 「신학정론」(神學正論) 창간호(1949년 1월 간행), 제2권 제1호(1950년 2월 간행), 제3권 제1호(1953년 1월 간행)를 소유하고 있다(합신대학원 도서관에 기증). 여기서 밝히고자 하는 것은 현재 합동신학대학원

대학교에서 교수 논문집으로 발간하고 있는 「신학정론」(神學
正論)은 박형룡 박사의 주도로 편찬한 「신학정론」을 승계한 것
이 아니요, 합동신학교를 설립한 후 교수 논문집을 펴낼 것을
계획하는 과정에서 「신학지남」은 사용할 수 없고 다른 이름을
찾는 중 「신학정론」으로 정한 것이다. 그러므로 박형룡 박사
가 펴낸 「신학정론」과 합동신학대학원대학교의 「신학정론」은
이름만 같지 역사적 연계성은 없다. 박형룡 박사는 한평생 복
음주의 신학 발전에 크게 이바지하신 학자이시다. 박영희 박
사는 "박형룡 박사는 성경무오 사상으로 일관한 신학자였다.
그의 교리 신학이 어떤 면에 있어서 보수주의 신학의 입장을
대변했고, 대변자의 역할과 울타리가 됨으로써 한국 교회 신
학발전에 크게 이바지했다"("박형룡 신학과 성경무오사상," 「신학
지남」 제55권 4집(1988년 겨울호), p. 27.)라고 평가한다. 한국 교회
에 좋은 스승, 좋은 멘토를 주신 하나님께 감사한다.

▲ 상기의 일부 내용이 박아론, 「나의 아버지 박형룡」 서울: 대한예수교장로
회총회, 2014, pp. 443-449에 게재되었음을 밝힌다.

총회신학교에서
생전 처음으로 한국의 지방색을 체험하다

나는 1961년 2월에 국립 체신고등학교를 졸업한다. 그런데 국립 체신고등학교 졸업반 때인 1960년에 졸업 후에 근무할 직장을 위해 학교에서 희망 직장을 신청하도록 한다. 나는 비교적 공부를 잘했기 때문에 제1차 지망으로 광화문에 소재한 서울중앙 전신국으로 하고, 제2차 지망은 한국에서 두 번째로 큰 도시가 부산이었기 때문에 부산 전신국으로 신청하였다. 그 당시 나는 부산과는 연고가 전혀 없고, 부산에 가 본 적도 없고, 부산에 아는 사람은 한 사람도 없었다. 그 당시 나의 마음에는 지방색이 전혀 없었기 때문에 다른 생각하지 않고 부산이 두 번째 큰 도시라는 이유로 제2차 지망을 부산으로 한 것이다. 이 당시 내가 지방색을 가지고 있었더라면 틀림없이 제2차 지망을 광주로 했었을 것이다.

그런데 1967년 총회신학교에 입학하여 1년이 지나 1968년에 우리 학급이 2학년이 되었다. 우리 학급이 2학년 2학기를 맞이할 때 총회신학교 학우회는 내년을 준비하기 위해 학우회 임원을 선출하는 선거를 해야 한다. 그런데 3학년 주도로 시작된 학우회장 선거가 전형적인 한국의 지방색을 노출하고 있었다. 학우회장으로 입후보하는 우리 반 동료들이 누구는 영남 대표, 누구는 호남 대표, 누구는 충청 이북 대표 등으로 선명하게 3파로 나누어져 신학교 전체가 지방색으로 가득 차게 되었다. 나는 생애 최초로 신학교에서 지방색을 경험한 것이다. 호남 측 학생들이 입후보를 위해 필요한 서류를 준비한 후 나에게 호남 대표로 출마해 달라고 요청해 왔다. 그러나 나는 그 요청을 단호하게 거절하였다. 나는 뜻있는 반 동무들과 의논하여 선거를 보이콧하기로 결정하였다. 우리의 결정에 따라 우리의 1년 후배인 옥한흠(소천한 사랑의 교회 목사)도 동료들과 의논 후 우리의 결정을 따랐다. 결국 선거는 반쪽 선거가 되었고 우리 반 한 학생이 학우회 회장으로 입후보하여 당선되었다. 같은 반 급우들이 당선된 동료에게 회장직을 사퇴하면 우리가 다시 온전한 선거를 하여 그를 회장으로 당선되도록 노력하겠다고 제안했으나 그는 이 제안을 거절하였다. 그래서 동료 학우들은 학우회에 참여하지 않기로 하였고 학우들의 협력이 없어서 학우회 임원진을 구성할 수가 없게 되자 결국 학우회가 없어지게 되었다. 우리 반은 학우회 없이 3학년 졸업 반이 되었다.

그런데 학생들 전체의 활동을 대표한 학우회가 없는 상태 이기에 답답한 사람은 교수님들이었다. 우리를 졸업시키는데 도 학생대표와 의논할 일이 많이 있는데 의논 대상이 없어진 것이다. 이런 상황에서 교수님들이 우리 반 대표를 만나셔서 학우회 복원을 제안하셨다. 우리들이 어떻게 복원하면 좋겠 냐고 질문하자 교수님들이 학우회장, 편집부장 등 임원회의 장들은 3학년에서 선출하고, 부회장, 차장 등은 연속성을 위 해 2학년과 1학년에서 나누어 선출하여 회복하자고 제안하셨 다. 그래서 우리 3학년 학우들은 그동안 학급 반장으로 수고해 오던 천성덕 목사(밴쿠버 필라델피아교회 원로 목사)에게 그동안 고생 많이 했는데 좀 더 고생하라고 학우회장으로 추대하였 다. 그리하여 총회신학교 학우회가 복원되기에 이르렀다.

지방색은 나라를 망하게 하는 나쁜 습관이다. 우리는 조 선 시대의 당파 싸움이 얼마나 나라를 망가트렸는지 기억하 고 있지 않은가? 말할 것도 없이 지방색은 교회 안에서 있어

서는 안 될 습관이다. 나는 한국의 지방색을 없애기 위해 출생
증명서에 아예 본적란을 없애는 것이 좋다고 생각한다. 어쩌
면 대안이 될지는 모르지만, 한국의 몇 개 도시에 문서보관소
(archive)를 설치하여 각 사람의 출생에 관한 정보를 편리한 곳
에 보관하고 모든 국민은 현주소만 사용하면 한국의 지방색
이 좀 없어질는지 모르겠다고 생각해 본다. 나를 포함한 합동
신학교 교수들은 지방색을 싫어하기 때문에 현재 수원에 위
치한 합동신학대학원대학교가 1980년 설립될 때 학생들의 학
적부에 본적란을 없애기로 하고 지금까지 지키고 있다. 나는
사회에서 지방색을 체험한 것이 아니요, 지방색이 반드시 없
어야 할 신학교에서 지방색을 경험한 것이다.

내가 사사하는
세계 석학 간하배(Harvie M. Conn) 박사

내가 사사하는 세계 석학은 여러 사람이다. 내가 신학의 문을 두드릴 때 그 당시 총회신학교에는 한국 교회를 대표할만한 훌륭한 신학자들이 많이 계셨다. 당시 총회신학교의 교장이셨던 박형룡 박사님을 위시하여 박윤선 박사님, 이상근 박사님, 최의원 박사님, 명신홍 박사님, 차남진 박사님, 김의환 박사님, 간하배(Harvie Conn) 박사님, 박아론 박사님, 김득룡 박사님 등이 총회신학교 교수로 재직하고 계셨다. 그리고 미국 유학에서 만난 밴틸(Van Til) 박사님, 휴즈(Hughes) 박사님, 스킬톤(Skilton) 박사님, 개핀(Gaffin) 박사님 등이 나의 삶과 신학 여정에 크게 영향을 미친 분들이다. 나는 하나님의 은혜와 섭리로 홀

룽한 신학자들 밑에서 신학 수업을 할 수 있었다. 그런데 나는 특별히 구속역사의 관점에서 성경을 읽을 수 있도록 눈을 뜨게 해 주신 간하배 박사에게 큰 영향을 받았다. 이미 하나님 품으로 가신 간하배(1933-1999) 박사는 "내가 사사하는 세계 석학"이시다.

간하배 박사님과의 만남

간하배 박사는 1960년부터 1972년까지 12년 동안 미국 정통 장로교회(Orthodox Presbyterian Church) 한국 선교사로 봉사했다. 간하배 박사는 12년 기간 중 2년 동안은 순회 선교사의 사역을 하셨고 10년 동안은 총회신학교 신대원(현 총신대학교 신대원)에서 신약신학 분야 과목들을 가르치셨다. 내가 총신에서 신학을 공부한 기간이 1967년 3월부터 1970년 2월까지이니 나는 3년 내내 간하배 박사의 지도를 받은 셈이다. 나는 간하배 박사로부터 헬라어, 신약성경신학, 바울신학, 복음비평사, 사도비평사 등의 신약 과목을 배웠다. 그 이유는 간하배 박사의 전공이 변증학이었지만 그 당시 총회신학교에 신약신학을 가르칠 교수가 계시지 않았기 때문에 모든 신학 분야에 해박하실 뿐만 아니라 예리한 통찰력을 가지신 간하배 교수에게 신약을 가르치도록 하신 것이다.

나는 1970년도에 미국 유학길에 올라 필라델피아 소재 웨스트민스터신학대학원에서 신학석사 과정을 시작하여 1972년에 신학석사 학위(Th.M)를 받았다. 그런데 1972년 여름에 웨스트민스터신학대학원 교정에서 간하배 박사를 만났다. 이야기하는 중 간하배 박사께서 한국의 봉사를 끝내고 웨스트민스터신학대학원의 변증학 및 선교학 교수로 부임한 것을 알게 되었다. 그때 내가 간하배 박사에게 농담으로 "왜 내 뒤만 따라다니시는가?"라고 묻고 서로 웃은 적이 있다. 간하배 박사를 만난 것이 나의 생애에는 큰 행복이 되었다.

간하배 박사의 성품으로부터 받은 영향

나는 간하배 박사를 생각하면 그의 인간다움, 그의 신학자다움, 그의 열정과 헌신, 그리고 그의 성실성을 잊을 수 없다. 한국에서 교수와 학생은 가깝고도 먼 사이이다. 유교적인 전통이 몸에 배어있는 사회에서 있을 수 있는 일이다. 가깝다는 말은 매일 얼굴을 대하고 한 교실에서 강의하고 수업을 받는 관계로 볼 때 분명 교수와 학생의 사이는 가까운 사이이다. 그런데도 학생들은 교수에게 손쉽게 접근하지 못한다. 의논할 일이 있어도 벼르고 별러서 어렵게 접근한다.

이는 학생들의 마음속에 자리 잡고 있는 어른들에 대한 존경심과 어른들의 권위적인 태도가 더해져서 생긴 보이지 않는 장벽이라 할 수 있다. 그런데 간하배 교수는 이런 보이지 않는 장벽을 무너뜨린 교수였다. 사실 간하배 박사는 미국 사람이었기 때문에 영어에 자신이 없는 학생들은 더 거리감을 가질 수밖에 없는 대상이었다. 그는 미국 사람으로서도 거구의 체격을 소유한 사람이지만 낡은 구두를 신고 다니고 빛바랜 넥타이를 즐겨 매는 겸손하고 소탈한 사람이었다. 그리고 그의 백만 불짜리 너털웃음은 학생들의 마음을 편안하게 만들어 주었다.

간하배 박사는 강의하는 도중 강의실 교탁에 자주 올라앉아 학생들에게 분필을 던지면서 강의를 하였다. 후에 내가 반틸 박사의 변증학을 청강할 때 알게 된 사실이지만 간하배 박사의 스승이셨던 반틸(Dr. Van Til) 박사도 그의 변증학 시간에 학생들에게 분필을 던지곤 하셨다. 이런 행동은 한국 교수들이 도저히 할 수 없는 행동이다. 체면 문화에 젖어 있는 한국에서 교수가 강의실 앞의 교탁에 걸터앉는다는 것은 상상할 수 없는 일이다. 간하배 박사의 이런 행동은 그 당시 학생들에게 신선한 충격을 주었다. 학생들이 엉뚱한 질문을 하거나 수업 도중 졸고 있거나 할 때 간하배 박사는 들고 있는 분필을 쪼개어 그 학생을 향해 던졌다. 그의 조준은 비교적 정확했다. 이런 그의 행동은 강의실 분위기를 화기애애하게 만들었다. 학생들은 그의 예리한 지성과 적절한 유머를 곁들인 그의 강의를 좋아했다. 간하배 교수는 그의 강의를 통해 미래의 한국 교회를 든든하게 세우는 기틀을 마련하는 데 일조한 것이다.

간하배 박사는 하나님의 말씀을 실천하면서 사신 분이셨다. 한번은 간하배 박사가 다리에 상처를 입고 신학교에 오셨다. 그 이유는 간하배 박사가 창녀촌에 전도하러 갔다가 포주에게 얻어맞았기 때문이다. 그러나 간하배 선교사의 노력은 아름다운 열매를 맺기도 했다. 간하배 박사가 포주에게 얻어맞은 후 10여년이 지났을 때 어느 교회로부터 부흥회 인도 요청을 받은 일이 있었다. 그런데 그 교회에서 옷을 잘 차려입은 정숙한 여인이 간하배 목사에게 면회 신청을 하였다. 그 여인은 목사님에게 말하기를 자신이 10여 년 전에 동두천 창녀촌에서 전도 받은 사람이라고 말하면서 목사님의 소박하고 순수한 모습에 감화를 받고 어두운 생활을 청산했다고 전했다. 그리고 현재는 아름다운 가정을 이루고 교회의 집사로서 봉사하고 있다고 전했다. 이 감동적인 이야기는 간하배 선교사가 총신 교수로 재직하고 있을 때 그에게 배운 학생은 모두 기억하고 있는 미담이다.

1969년 12월 어느 날 졸업을 앞둔 총신 63회 동기생들이 사은회를 마련했다. 그 당시 여러 사람이 모일 수 있는 식당이 변변치 않았고 또한 학생들의 경제적 형편도 넉넉하지 않았기 때문에 우리는 비교적 저렴한 식당을 장소로 택했다. 그 장소는 명동에 소재한 한일관이었다. 저녁 식사를 마친 후 몇 가지 오락이 진행되었다. 사회자가 선생님들의 마음을 즐겁게 해 드리기 위해 풍선을 궁둥이로 터뜨리는 게임을 진행했다. 학생들이(어른들) 궁둥이로 풍선을 터뜨리는 것이 가관이었다. 풍선 위에 주저앉았지만 미끄러운 풍선은 빠져나가고 엉덩방아만 찧는 경우가 허다했다. 그런데 이때 간하배 박사가 그의 거구를 가지고 지원을 한 것이다. 큰 거구로 풍선 위에 주저앉으면 때로는 풍선이 큰 소리를 내면서 "빵" 하고 터지고, 때로는 방바닥에 엉덩방아 찧는 소리만 들렸다. 교수들은 물론 학생들의 웃음소리가 큰 방을 메웠다. 이처럼 간하배 박사는 참으로 인간적이면서도 격의 없는 스승이셨다. 간하배 박사는 신학은 개혁주의 신학을 철저하게 신봉하면서도 그의 삶은 그리스도 안에서 자유를 누리고 사는 분이셨다. 나는 간하배 박사로부터 복음 안에서 자유를 누리며 사는 삶을 배웠다.

간하배 박사의 학문으로부터 받은 영향

간하배 박사가 한국에서 교수로, 선교사로 사역하던 1960-1972년 사이는 신학 서적이 흔하지 않던 시대이다. 외국 서적은 말할 것도 없거니와 한국 서적도 아주 귀한 시대였다. 신학교의 강의는 교수가 준비한 내용을 부르고 학생들이 받아쓰는 형편이었다. 그래도 좀 나은 경우는 기름종이에 손으로 글씨를 써서 세미한 구멍을 낸 다음 검은색 잉크로 복사해서 사용한 경우이다. 이처럼 신학 교재가 빈곤한 상황에 있을 때 간하배 박사는 미국에서 다양한 신학 교재를 수입하여 이윤을 붙이지 않고 싼값으로 신학생들에게 제공하곤 했다. 간하배 박사의 책 공급은 그 당시 공부했던 학생들에게 질 높은 신학 교육을 받을 수 있도록 영향을 미쳤을 뿐만 아니라, 또한 학생들의 비전을 넓히는 역할을 했다. 그 당시 많은 신학생이 간하배 박사로부터 개혁주의 신학 서적을 샀고 이를 통해 그들의 신학교육의 기초가 더 든든해졌다. 나도 간하배 박사로부터 많은 서적을 샀고 지금도 사용하고 있다.

간하배 박사는 총신에서 가르치시면서 그 당시 한국에 소개되지 않은 개혁주의 신학의 새로운 경향들을 많이 소개했다. 나는 간하배 박사의 가르침을 통해 보스(Vos), 리델보스(Ridderbos), 개핀(Gaffin) 과 같은 신학자들의 신학 입장을 배울 수 있었다. 나는 간하배 박사를 통해 신약성경신학, 바울신학 등에 대한 바른 성경신학적 접근 방법을 배울 수 있었고, 자유주의 신학자들의 잘못이 무엇인지도 배울 수 있었다.

간하배 박사는 신학생들의 신학적 전망(perspective)을 넓게 만들어 주었다. 그 당시 한국 교회는 보수주의와 자유주의의 대립이 극대화되어 있을 때이다. 1959년에 한국장로교회(Presbyterian Church in Korea)가 세계교회협의회(World Council of Churches) 문제로 합동 측과 통합 측으로 양분되었다. 교회가 분열할 때 대부분의 서양 선교사들은 세계교회협의회(W.C.C.) 쪽에 서게 되었다. 간하배 박사는 교회 분열 바로 직후인 1960년에 정통 장로교회의 선교사로 한국에 파송되었다. 그러므로 간하배 박사는 한국 교회 안에서의 세계교회협의회 문제, 자유주의 문제를 익히 알고 있었음에도 불구하고 자유주의 신학자들의 신학적 공헌을 선별적으로 이용하기도 하고 잘못된 부분은 날카롭게 비판함으로 학생들의 신학적 전망을 넓혀 주었다.

내가 웨스트민스터신학대학원에서 신학석사(Th. M.) 과정을 이수하고 있던 때의 일이다. 개핀(Gaffin) 박사께서 간하배(Kan Ha Bae)라는 한국 사람이 누구냐고 물었다. 개핀 박사가 나에게 그 질문을 할 때는 간하배 박사는 아직도 한국의 총신 교

수로 재직하고 있을 때였다. 그래서 내가 간하배 교수가 하비
칸(Harvie Conn)의 한국명이라고 하자 개핀 박사는 데멜리오스
(Themelios) 잡지에 "역사적 예수 연구"에 대한 훌륭한 논문을 간
하배라는 한국 사람이 썼기 때문에 궁금해서 물어본 것이라고
했다. 간하배 박사는 개혁주의적인 신학 입장과 예리한 통찰
력으로 자신이 가르친 과목을 철저히 소화한 신학자였다.

간하배 박사의 저술로부터 받은 영향

간하배 박사는 다음에 열거된 여러 권의 책을 저술하였다.
(1) 「성경신학이란 무엇인가」(What is Biblical Theology?) (2) 신약학
서설 (복음비평사와 사도비평사) (3) 기독교인의 생활의 기쁨 (The
Joy of Christian Life) (4) 현대신학 해설 (An Appraisal on Modern Theology) (5)
다니엘서의 메시아 예언 (6) 변화하는 세계 속에서의 영원한
말씀(The Eternal Word in A Changing World) (7) 복음 전도: 행동하는 의
와 은혜의 선포(Evangelism: Doing Justice and Preaching Grace) (8) 도시목
회: 왕국, 도시 그리고 하나님의 백성(Urban Ministry: The Kingdom,
the City, and the People of God) (9) 현대 세계 신학: 평신도 가이드
(Contemporary World Theology: A Layman's Guide) (10) 한국 장로교회의
신학 연구(Studies in the Theology of the Korean Presbyterian Church) (11) 미
국의 도시와 복음적인 교회: 역사적 개관(The American City and The

Evangelical Church: A Historical Overview). 이상의 저서 외에도 많은 책을 편집 출판하였고 수많은 논문을 평판 있는 저널에 기고하셨다.

이상의 저서들을 모두 자세히 설명하는 것은 지면의 한계 때문에 불가능하다. 하지만 여기서 몇 권의 저술을 좀 더 자세히 설명하는 것이 간하배 박사를 바로 아는 길이라고 생각된다.

① 우선 내가 성경에 대한 관점을 배우는 데 큰 역할을 한 「성경신학이란 무엇인가」라는 강의 노트를 소개하고자 한다.

이 저술은 출판되지 않은 것이다. 그러나 이 강의 노트는 성경신학에 대한 바른 개념을 잘 정리해 주는 귀한 저술이다. 그 당시 수업을 받는 학생들은 성경을 연구하는 신학은 모두 "성경신학"으로 알고 있을 때였다. 그런데 간하배 교수는 구속역사와 계시의 점진적 특성에 근거한 새로운 개념의 "성경신학"을 학생들에게 소개해 주었다. 나는 간하배 교수의 가르침 때문에 성경을 바로 보는 눈을 가지게 된 것이다. 아쉬운 점은 독자들이 이 강의 노트를 지금은 구할 수 없다는 사실이다.

② 기독교인의 생활의 기쁨 (The Joy of Christian Life)

본서는 「빌립보서 주해」로 1965년 9월 16일 발행되어 지금까지 계속 개혁주의 신행협회(Reformed Faith and Actions)에 의해 발행되고 있다. 1990년 10월 20일에 수정판이 나왔다. 본서는 몇 가지 이유로 한국 교회에 큰 영향을 끼쳤다.

첫째, 1965년은 한국의 상황이 어려울 때였다. 1961년 군사 쿠데타 이후 정치적으로도 불안정했고 경제적으로도 불안정한 상태였다. 이런 어려운 상황에 있는 한국 교회에 "그리스도 안에서의 기쁨"의 복음은 듣는 사람들에게 위로를 주기에 충분했다.

둘째, 생활고에 찌든 성도들이 복음 안에서 누릴 수 있는 기쁨을 외면하고 있을 때 본서는 성도들의 기쁨을 되찾아 주는 역할을 했다. 그 당시는 한국 사회가 어려운 시기였다. 이런 시기에 본서는 평신도, 신학도, 그리고 목사들에게 기독교인의 생활의 기쁨을 되찾아 주었다.

셋째, 간하배 박사는 빌립보서를 주해함으로 우리가 성경을 어떻게 접근할지를 가르쳐 주셨다. 좋은 선생은 성경의 내용을 가르칠 뿐만 아니라, 성경을 어떻게 접근해야 할지에 관한 방법론도 가르쳐준다.

③ 현대신학 해설 (An Appraisal on Modern Theology)

「현대신학 해설」은 저자가 서문(Preface)에서 밝힌 바대로 현대 여러 가지 신학 사상을 안내서 격으로 쓴 책이다. 이 책은 "한국 교회를 위하여 쓰였고 한국의 상황에서 참고자료와 시간의 제약을 받으면서 쓰였다."

간하배 박사는 칼 바르트가 로마서를 출간한 1919년을 현대신학의 출발점으로 잡았으나 바르트의 소위 "코페르니쿠스적 혁명"은 약 200년 전 계몽주의(The Enlightenment)로부터 시작되었음을 확실히 한다. 간하배 박사는 제1장에서 1919년 이전의 신학적 변화와 발전을 다루고, 제2장에서는 1919년 이후 칼 바르트의 로마서 주석 출간 이후 신학계에 미친 영향을 다룬다. 그리고 간하배 박사는 제3장부터 20장까지 신정통주의(Neo-Orthodoxy), 양식비평(Form Criticism), 비신화화(Demythologization), 상황윤리(Situation Ethics), 소망의 신학(Theology of Hope), 존재의 신학(Theology of Being), 세대주의(Dispensationalism), 신복음주의(Neo-Evangelicalism) 등을 다루고 마지막 제21장에서 개혁신학(The Reformed Faith)을 다루므로 방향을 제시해 준다.

「현대신학 해설」은 신학적으로 분석적이지 못한 한국 신학생들과 목회자들에게 신학 작업을 위한 중요한 길잡이가 된다. 간하배 박사는 여러 가지 형태의 잘못된 신학 입장을 잘 정리해 주었다. 본서는 1973년 출판된 이래 계속해서 각 신학교에서 신학 교재로 사용될 만큼 한국 교회에 큰 공헌을 하고 있다.

④ 다니엘서의 메시아 예언

본서는 간하배 박사가 1962년 총회신학교(현 총신대학신대
원)로부터 다니엘서 강의를 부탁받고 쓰기 시작했다. 본서는
성경본문 전체를 주석하는 그런 전통적인 주석은 아니다. 본
서는 5부로 되어 있는데 제1부에서는 다니엘서에 대한 여러
해석학파를 다루었다. 간하배 박사는 제1부에서 다니엘이 다
니엘서의 저자이며 다니엘서의 역사성을 인정하며 다니엘서
에 나오는 4대제국에 대한 해석을 전통적 메시아학파의 해석
방법에 따라 해석한다. 간하배 박사는 "성경의 단일성," "교회
의 단일성"을 강조하면서 본서를 썼다.

간하배 박사는 제2부에서 "세상 나라는 망하고 메시아 왕
국은 모든 나라 위에 서서 영원히 계속 할 것"이라는 다니엘서
의 주제를 설명한다. 그리고 간하배 박사는 제3부에서부터 제
5부까지 다니엘서의 예언에 관한 구절들을 개혁주의 입장으
로 주해한다. 제3부는 다니엘서 2:31-45, 제4부는 다니엘서 7:1-
28, 그리고 제5부는 다니엘서 9:24-27이다. 한 가지 흥미 있는 사
실은 간하배 교수가 몸담고 있었던 총회신학교의 박형룡 박
사(Park, Hyung Nong)와 박윤선 박사(Park, Yune Sun)는 모두 전천년
설을 주장했고, 그 당시 장로교회내의 분위기는 전천년설이
월등한 위치를 점하고 있었는데 간하배 박사께서 다니엘서를

가르치면서 전천년설(Premillennialism)의 입장은 완곡하게 평가하고 반면 무천년설(amillennialism)의 입장을 제시한 것이다. 여기서 간하배 박사의 신학자로의 모습과 인간다운 모습이 동시에 나타난다. 간하배 박사는 "예수 그리스도가 바로 본서의 중심이요 핵심이다. 다니엘서의 초기 예언들은 하나님 나라를 보다 일반적으로 강조했다. 바벨론에 살고 있던 다니엘에게 그가 살고 있는 바벨론이 멸망할 것을 계시해 주었다. 하나님 자신께서 영원한 나라를 세우실 그때까지는 세상 나라가 계속해서 일어날 것이다. 화려하고도 광범한 개요로 약속하신 구원을 묘사하셨다"(p.218)라고 설명하고 책을 마무리한다.

⑤ 변화하는 세계 속에서의 영원한 말씀
(The Eternal Word in A Changing World)

본서는 간하배 박사의 대표작이라고 할 수 있는 저술이다. 간하배 박사는 현대 신학자들이 주장하는 계시관을 용납하지 않았다. 현대 신학자들은 성경 말씀을 중요하게 생각하지 않는다. 하지만 간하배 박사는 성경 말씀이 정확무오한 하나님의 말씀임을 확실하게 믿었다. 그래서 책 제목에 "영원한 말씀"이라는 표현을 넣었다. 그런데 간하배 박사는 세상이 계속 변화하고 있는 것도 간과하지 않았다. 간하배 박사는 하나님의 말씀이 영원하려면 변화하는 세상 속에서 계속된 영향력을 가지고 있어야 한다고 생각했다. 영원한 말씀은 변화하는 세상의 궤도를 바로 잡아 주고 또한 영원한 말씀은 세상을 변혁시켜 나간다. 그러므로 말씀은 영원하고 세상은 말씀에 의해 계속 바른 방향을 향해 변해가야 한다.

⑥ 복음 전도: 행동하는 의와 은혜의 선포
(Evangelism: Doing Justice and Preaching Grace)

간하배 박사는 전통적인 복음 전도를 귀하게 생각하면서도 우리가 균형 잡힌 복음 전도를 하고 있지 못하다고 생각한다. 간하배 박사는 우리가 복음의 내용을 전달하고 소개하는데 멈추는 것은 복음에 대한 정당한 역할을 하지 못하는 것이라고 말한다. 그는 우리가 복음을 전하는 데 그치지 말고 복음을 받는 상대방으로부터 더 많이 듣고 그들이 그런 잘못된 일을 할 수밖에 없는 상황에 관심을 기울여 그 부분도 복음으로 교정하기 위해 노력해야 한다고 말한다. 본서는 복음 전도의 전체 스펙트럼을 균형 있게 제시해 주는 책이다.

간하배 박사님이 하나님 품으로 가셨을 때 나는 합동신학대학원대학교를 대표해서 웨스트민스터신학대학원 이사회와 교수회에 조사를 보냈다. 그 전문은 다음과 같다.

Board of Trustees and the Faculty

Westminster Theological Seminary

Chestnut Hill, P.O. Box 27009,

Philadelphia, PA 19118   September 7, 1999

The faculty of Hapdong Theological Seminary and its Board of Trustees are expressing to you deep sympathy and condolence in the loss of the beloved professor, Dr. Harvie Conn. We were saddened to learn of his death on August 29.

Dr. Conn was familiar to many Korean Christians by his Korean name, Kan Habae. He loved the Korean Church and its people to the extent that he spent more than a decade of his life in Korea as a missionary. He has made a great impact in many areas of Korean Presbyterian Church. As an evangelist, he set a model for the Korean pastors. He visited villages and cities with the gospel of Jesus Christ. Where there was a need, he was there to meet it. He was also a great teacher who raised many Korean Church leaders. They, in turn, serve the Lord in many areas as missionaries, pastors, and seminary professors. And as a writer, he has contributed many books to strengthen the Korean Church. One in particular, Studies in the Theology of the Korean Presbyterian Church, is still frequently used by many scholars as a reference book.

No one can deny his mastery of the Korean language. This is a proof of his love for the Korean people. His name is revered among Korean Presbyterians, and his work for the Korean Presbyterian Church is great in the sight of our Lord. We are going to miss him, but we are also looking forward to meeting him when we will all be standing before the Lord. May all of us engaged in the reformed theological education be faithful to the Sovereign Lord who entrusts it to us.

Board of Trustees and the Faculty

Hapdong Theological Seminary

Suwon, Korea

시간, 나무가 되다 : 거목이 된 한 순례자의 시간

1972년 Westminster 신학대학원 졸업식 때 간하배 박사와 함께

명 설교자 명신홍 박사

명신홍 박사는 대구에서 목회하시다가 총신대 신대원 실천신학 교수로 섬기시는 유명한 설교자이셨다. 명신홍 박사님은 총신대 신대원 본관(소위 비둘기 집)의 건축비를 위해 미국에 건너가 많은 모금을 하신 것으로도 유명하다. 명신홍 박사님은 그 성격이 온유하신 분으로 우리 학급은 그분으로부터 설교 연습을 지도받은 바 있다. 명신홍 박사님은 목회자는 경제적으로 깨끗해야 하며 교회로부터 돈을 빌려서는 안 된다고 가르치셨다. 그 말씀을 듣고 한 학생이 명신홍 박사에게 질문했다. "명 박사님, 돈이 없어 먹을 것을 구하지 못해 아이들이 굶고 있는데도 교회에서 가불(假拂)을 받으면 안 됩니까" 라고 질문했다. 그 질문을 들은 명신홍 박사님은 난감한 표정으로 약 1분 정도 아무 말씀하시지 않더니 "그럴 때는 전 가족이 금식기도 할 때요"라고 답을 하셨다. 어른 목사님의 지혜와 헌신이 담겨있는 대답이었다.

명신홍 박사님은 건강이 그렇게 좋은 편은 아니었다. 명 박사님은 우리 학급의 설교연습 시간에 몇 명의 학생들에게 설교를 하게 하고 마지막에 설교에 대해 평가를 하셨다. 그런데 학생의 설교가 시작되면 명신홍 박사님은 눈을 감고 졸기 시작 하신다. 학생들의 눈에는 틀림없이 졸고 계신 것으로 보인다. 두 시간에 대략 다섯 명의 학생이 설교할 때 내내 눈을 감고 계신 것이다. 그런데 학생들의 설교가 다 끝나면 명신홍 박사님이 강단에 오르시어 각 학생의 설교 평가를 하신다. 그런데 어찌 된 일인가. 명신홍 박사님이 평가하는 각 학생의 설교가 정확하지 않은가. 그래서 우리 학생들은 명신홍 박사님이 졸고 계시면서도 학생들의 설교는 다 듣고 계신다고 믿을 수밖에 없었다. 역시 명신홍 박사님은 명 설교자로 눈을 감고도 잘 들으시는 분이시다.

학생들의 인기를 한 몸에 받은
김의환 박사

내가 총회신학교에 입학할 당시 총회신학교 교수님 중 몇 분의 젊은 교수님들이 계셨다. 그중에 한 분이 교회사 담당 김 의환 교수이셨다. 김의환 교수님은 원래 동양선교회(OMF) 소속 선교사로 일본에서 사역하시기를 원했지만, 일본 입국 비자를 거절당해 총회신학교 교수로 봉직하시게 되었다. 김의 환 교수님은 마음이 열린 교수님으로 학생들과 소통이 잘 되 었고, 후학들을 키우려는 의지가 강하셨고, 그의 필체 또한 수 준급에 달할 만큼 명 필체였다. 그 위에 그의 가르침은 간결하 고 선명한 방법이어서 학생들이 잘 이해할 수 있었다. 김의환 박사님은 초대교회사로부터 현대교회사를 넘어 한국교회사에 이르기까지 전체 교회사 부분을 가르쳐 주셨다. 김의환 교수님은 학생들에게 교회사 부분에 대한 바른 안목을 가르쳐 주신 것이다. 그가 학생들에게 가르치신 대부분의 내용을 은퇴 후에 김의환 전집 5권으로 총신대학교출판부에서 출판하였다. 제1권은『기독교회사』(1998), 제2권은『현대교회와 개혁주의 신앙』(1999), 제3권은『복음주의 신학과 한국 교회의 신앙』(2000), 제4권은『현대교회와 선교의 과제』(2001), 그리고 제5권은『강해설교와 신앙수상』(2001) 등이다.

내가 신학 공부를 할 때는 인쇄된 교과서가 많지 않아 교수님들이 준비해 온 강의안을 학생들이 받아쓰는 경우가 다반사였는데 김의환 교수님의 강의는 모두 알찬 내용이어서 그 분량이 다른 교수님들의 강의 분량에 비해 훨씬 많았다. 내가 지금도 간직하고 있는 그의 강의 노트는 대학노트로 세 권에 해당하는 분량이다. 나와 함께 공부했던 신학생들은 김의환 교수님의 열린 마음, 명필체, 명강의, 그의 시원시원한 설교 등 때문에 김의환 교수님을 많이 좋아했다.

메기(catfish) 입을 가졌다는 별명을 소유하신 부흥사 차남진 박사

차남진 박사님은 성경 과목을 우리에게 가르쳐 주셨다. 차남진 박사님은 자애로우셨고, 항상 학생들을 잘 보살펴 주셨다. 차 박사님은 특별한 은사를 가지고 계셨는데 그는 양손으로 다른 내용을 동시에 칠판에 쓰실 수 있었다. 오른손이 쓴 내용과 왼손이 쓴 내용이 다른데 그것을 동시에 쓰신 것을 본 학생들은 놀라지 않을 수 없었다. 차남진 박사님의 IQ가 몇인지는 알 수 없으나 굉장히 높으실 것으로 추정해 본다. 그리고 차남진 박사님이 첫 시간에 강의실에 들어오셔서 하신 말씀이 한국 사람의 성(family name) 중에 가장 좋은 성이 "차" 씨라는 것이다. 그 이유는 "차"(車) 씨는 십자가 셋을 가지고 있는 성이기 때문이라는 것이다. 차남진 박사님은 이렇게 강의 시간을 지루하지 않게 이끌어 가셨다.

차남진 교수님을 얘기할 때 빼놓을 수 없는 것 중의 하나가 그의 노래 실력이다. 그는 설교 중에 찬송을 자주 부르셨는데 메기 같이 입을 크게 벌리면서 회중들의 마음을 사로잡았다. 그래서 '메기 입'이라는 별명이 따라다녔을 뿐만 아니라 강의 도중에도 찬송을 부르셨는데 그러다 보면 강의 시간이 부흥회가 되기 일쑤였고, 이로 인해 옆 교실의 강의에 지장을 초래하기도 했다. 특히 간하배 교수님은 차 교수님의 강의 중에 찬송하는 것을 지적하셨다. 훗날 그의 아들 차종율 목사가 웨스트민스터신학대학원에서 공부할 때 간하배 교수님께서 차종율 목사가 차남진 교수님의 아들인 것을 알고 '너도 아버지처럼 찬송을 잘하느냐?'고 물어봤다고 한다.

그런데 차남진 박사님은 교수하시는 일 외에도 교회의 초청을 받아 사경회를 자주 인도하시곤 했다. 1960년대 초에는 한국의 경제 상황이 대단히 어려운 형편이었다. 그래서 총회신학교 교수들의 사례가 넉넉하지 못했다. 차남진 박사님이 사경회를 인도하시면 교회에서 사례금을 지불하기 때문에 가정 경제에 조금은 보탬이 될 수 있었다. 그런데 사모님의 증언에 따르면 차 박사님의 사경회 인도가 가정 경제에 별로 도움이 되지 않았다는 것이다. 그 이유는 차남진 박사님이 사경회 인도를 한다는 소식이 들리면 어려운 형편에 있는 학생들이나 성도들이 사경회 끝날 때쯤 찾아와 차남진 박사에게 그들의 어려운 형편을 이야기하면 그 교회에서 사경회 사례비로 받은 것을 몽땅 내어 주고 집에는 빈털터리로 오시곤 했다는 것이다. 약간의 기대를 가지고 기다렸던 사모님과 자녀들은 약간 실망했지만, 차남진 박사님의 사랑 실천을 막을 수는 없었다. 이와 같은 사실을 안 나의 형님 박형만 장로(당시 총신 교무과장)께서 월급날이 되면 월급을 가지고 집으로 가서 사모님께 직접 전달하곤 했다.

하나님은 다른 면으로 차남진 박사님의 사랑을 보상해 주셨다고 생각한다. 그의 사랑을 받은 제자 중에는 한국 교회를 섬기는 훌륭한 지도자들이 많이 나왔고, 그의 셋째 아들 되신 차종율 목사님은 방배동에 위치한 새순교회의 담임목사로 윤남중 목사님을 이어 귀한 목회를 잘하고 계신다.

나의 친구 홍정길 목사

내가 홍정길 목사를 만나게 된 것은 같은 해에 총회신학교 (현 총신대학교 신대원)에 입학했기 때문이다. 1967년 3월에 총회신학교 63회 학생들이 신학의 문을 두드린 것이다. 그 당시의 총회신학교 주변 상황은 현재와 비교하면 격세지감이 있을 만큼 험준한 시골에 있었다고 말할 수 있다. 현재의 사당동은 거의 논으로 형성되어 있었고 현재 전철 4호선 이수역 근처까지만 시외 교통편이 제공되었고, 상도동 쪽으로는 숭실대 정문 앞쪽에 버스 종점이 있었다. 그리고 총회신학교에서 숭실대까지는 우리가 "헐떡고개"라고 불렀던 험한 고갯길이 있었다. "헐떡고개"를 넘는 방법은 오로지 등산하는 마음으로 걷는 길밖에 다른 방법이 없었다. 남쪽으로는 현재 이수역 근처에 버스 정류장이 있어서 그 곳부터 현재 총신대학교까지 험한 길을 걸어서 등교하였다. 그리고 봉천동 쪽으로는 자동차 길이 형성되어 있지 않았다. 봉천동은 청계천을 덮어서 차도로 만들 때 그곳에서 살고 있었던 빈민들을 무작정 이주시켰기 때문에 판자촌을 형성하고 있었다. 처음 이주할 때 봉천동에는 화장실 시설이 거의 없었기 때문에 길바닥에 일을 치르곤 했다. 그 당시 봉천동의 생활환경은 말로 표현하기 힘들 정도로 열악하였다. 30여년이 지난 후 이명박 대통령이 서울시장 시절 청계천을 다시 복원하여 서울 시내의 명소로 만든 것을 우리는 모두 기억하고 있다. 이는 총회신학교의 주변이 얼마나 낙후된 곳이었는지를 증거 한다. 총회신학교는 그 당시 본관(현 종합관 자리)을 건축 중이어서 주변도 어지러웠고, 교실도 제대로 정리되어 있지 않았다.

이런 상황에서 67명의 신학생(신과, 본과, 전수과를 합쳐서)이 목회자의 길을 가겠다고 신학 수업을 시작했다. 그 당시 목회자의 길은 굶는 것을 다반사로 하는 직업으로 사회에 인식되어 있었다. 그래서 목사는 처녀들의 결혼대상 직업에서 최하위에 있었다. 그 때 어느 유명한 여자대학교에서 결혼 대상 직업을 순위로 매기는 앙케트를 한 것을 기억한다. 여기서 직업을 폄하할 수 없어 직업명을 언급하지는 않지만 20여개의 직업 중 1등에서 4등까지는 소위 "사"자로 끝나는 직업이 차지했고 목사는 꼴등 바로 전의 등수를 차지했다. 그럼에도 불구하고 우리 학급은 행복했고 즐거웠다. 우리는 3년 동안의 신학생 기간에 잘 배웠고 좋은 교제를 나누었다. 그때 우리를 가르치신 스승님들은 모두 한국 신학계를 이끄는 어르신들이었다. 우리를 가르치신 교수님들은 당시 총회신학교의 교장이셨던 박형룡 박사님을 위시하여 박윤선 박사님 등 많은 훌륭한 교수님들이셨다. 그리고 김희보 목사님은 서울 중구 회현동 소재 성도교회 담임목사로 봉직하시면서 강사로 우리를 가르치셨다. 우리는 비록 출판된 신학 서적이 없어서 오늘날 신학생들이 공부하는 방법으로 공부는 하지 못했지만, 교수님들이 강의하시면 정리해서 받아쓰고, 불러주시면 직접 받아쓰는 방법으로 열심히 공부했다. 비록 주변 상황은 열악했지만 하나님의 소명을 받고 훌륭한 교수님들의 강의를 듣게 되어 우리는 행복한 시간을 보냈다.

내가 기억하는 신학교 시절의 홍정길 전도사는 물들인 군복을 자주 입었고 검정 고무신을 자주 신고 다녔던 소박한 학생이었다. 그렇다고 홍정길 전도사가 가난에 찌들어 그런 행색을 하고 다닌 것으로는 보이지 않았다. 홍정길 전도사는 머리는 좋은 것 같았는데 학교 공부는 열심히 하는 것 같지는 않앉다. 그 당시 교수님들의 성적 평가의 방법은 학기 말에 시험을 치르게 하여 성적을 매겼다. 그래서 학기 중에 노트한 내용이 시험 준비에 대단히 중요한 역할을 했다. 그래서 홍정길 전 도사는 시험을 보기 위해 내 노트에 많이 의존하곤 했다. 우리는 그렇게 상부상조하면서 지금은 하나님 품으로 간 황재엽 박사(당시 외과 의사)가 사설로 만든 삼각산 중턱에 위치한 기도원에 금요일이면 자주 올라가서 기도도 하고 교제도 하곤 했다. 그리고 신학교 본관 옆에 무덤이 하나 있었는데 날씨가 좋은 때면 다른 친구들과 함께 그곳에서 도시락을 나눈 것이 생각난다. 우리는 3년의 신학 수업을 마치고 1969년 12월 11일 63회로 졸업을 했다. 무슨 이유인지는 확실하지 않지만, 우리 학급은 다음 해 2월에 졸업하지 않고 수업을 다 마친 후에 성탄절 전에 졸업했다.

신학교를 졸업한 남자 신학생들의 최대 관심은 6월에 있을 강도사 시험에 합격하는 것이었다. 왜냐하면 강도사 시험을 통과해야 그다음 목사로 안수를 받을 수 있기 때문이다. 그래서 우리 친구들은 몰려다니면서 강도사 시험 준비를 하였다. 강도사 시험은 신학 논문, 성경 주해, 그리고 설교를 작성하여 유인물로 제출하고 시험 당일에 조직신학, 교회사, 그리고 교회정치를 필기시험으로 보게 되어 있었다. 그래서 세 가지 제출 과제를 준비하고 제출하려면 많은 노력이 필요했고 필기시험 준비도 철저히 해야 했다. 그 당시 졸업생들의 강도사 시험 합격률이 매우 저조한 상태였다. 여섯 과목 중 한 과목만 불합격되어도 그해에 합격하지 못했다. 그런데 홍정길 전도사는 강도사 시험 준비에 별로 관심을 두지 않았다. 보다 못한 우리 몇 친구들이 우리가 준비한 모든 자료들을 홍정길 전도사 앞에 놓고 반강제로 과제를 준비하게 하여 과제 제출 마감일에 가까워서야 겨우 제출할 수 있었다. 그리고 강도사 시험 전날 함께 대전으로 내려가서 같은 여관을 잡고 홍정길 전도사에게 출제 가능한 시험문제를 묻고 홍정길 전도사가 대답하는 방식으로 함께 시험 준비를 했다. 그때 조직신학, 교회사, 교회정치를 모두 개괄했는데 그다음 날 치른 시험에 홍정길 전도사가 모든 과목을 합격하여 강도사 시험 합격 동기생이 된 셈이다. 이를 볼 때 홍정길 전도사는 머리가 좋다는 것을 입증한 셈이다.

강도사 시험에 합격한 후에는 내가 미국 웨스트민스터신학대학원(Westminster Theological Seminary)으로 유학을 떠나는 바람에 가까이서 홍 목사와 교제할 시간이 없었다. 홍정길 목사와의 교제는 내가 1977년 3월 총신대학교 신학대학원 조교수로 부임하면서 다시 시작되었다. 그때 홍 목사는 반포의 상가를 빌려 남서울교회 개척을 시작한 때였다. 그런데 그때는 박정희 대통령의 통치 말기인 관계로 나라도 혼란했고 교계도 혼란스러운 시대였다. 박정희 대통령의 시해 사건이 1979년 10월 26일이라는 것만 생각해도 그 이전 시대와 그 이후 시대의 정황을 짐작하고도 남는다. 대한예수교장로회(합동 측) 교단이 1979년 9월 총회(대구 동부교회에서 회집)에서 주류와 비주류로 분열하게 된 것도 그 당시의 교계 상황을 짐작하게 한다. 총신대학교는 학교 외적인 상황과 학교 내부의 상황으로 데모가 거듭되고 있었다. 결국 총신대학교 신대원 교수는 5명만이 남아 있을 정도로 사태가 심각했다. 교회 정치가 신학교의 학사행정까지 간섭하는 일이 벌어져 결국 1980년 10월에 5명 중 4명의 교수가 사임하게 되었다. 그런데 이를 계기로 약 300명이 넘는 학생들이 얼마 후에 홍정길 목사를 찾아간 것이다. 홍정길 목사가 섬기는 남서울교회는 구반포의 상가에서 신반포의 현재 위치로 이미 건물을 지어 이사를 온 후였다. 신학생들은 홍정길 목사에게 남서울교회당을 신학교 강의실로 허락해 달라고 부탁을 하였다. 홍정길 목사는 그 당시의 상황을 잘 알고 있었고, 학생들의 행동이 바르다고 생각하여 남서울교회당 사용을 허락했다. 그래서 합동신학교가 1980년 11월 11일에 남서울교회당에서 설립되게 된 것이다. 홍정길 목사는 합동신학교가 남서울교회당을 사용하므로 많은 불편을 겪었다. 남서울교회의 담임목사 실은 교장실, 교수실, 도서관, 사무실 겸용으로 사용되었고 홍정길 목사는 합동신학교가 현재의 수원 캠퍼스로 옮기는 1985년 3월까지 자신의 방을 합동신학교에 양보하고 안정된 목회를 하지 못했다. 홍정길 목사는 이처럼 대의를 위해 자신을 희생하는 친구였다.

합동신학교의 정부인가와 관련하여 한마디 할 필요가 있다. 합동신학교가 문을 열 당시는 전두환 정권이 권력을 잡을 때이다. 그 당시 정부는 난립해 있는 신학교를 정비하기 위한 일환으로 한 교단에 한 신학교만 인정한다는 정책을 내놓았다. 합동신학교는 시작하자마자 존폐위기에 놓여 있었다. 그런데 1979년 대한예수교장로회(합동) 교단이 분열할 때 중립으로 남아 있었던 200여개 교회가 이 사실을 알고 1981년 대한예수교장로회(개혁, 현재 합신) 교단을 형성하여 합동신학교를 돕기로 한 것이다. 이때 홍정길 목사와 남서울 교회는 남서울 노회에 속해 있었는데 새로운 교단 형성에도 크게 기여했다. 그리고 남서울교회 장로님이셨던 정청명 장로(부인: 김철저 권사)께서 현재 과천에 있는 백운호수 위쪽에 위치한 7,000여평의 땅을 합동신학교에 기증하여 그 땅을 근거로 합동신학교는 정부에 인가신청을 하였다. 이 역시 홍정길 목사의 영향이 있었기에 가능했다.

합동신학교가 수원으로 이사를 한 이후에도 홍정길 목사는 여러 가지 차원에서 학교를 열심히 도왔다. 그 이유는 홍정길 목사가 인재를 키우는 것이 미래 한국 교회를 위해 중요하다고 생각했기 때문이다. 내가 지켜본 홍정길 목사의 목회는 한 교회를 대형교회로 계속 키워나가는 것보다는 분가시킬 수 있을 때 계속 분리 개척하는 목회 철학을 실천하는 것이었다. 홍정길 목사는 교회 앞에 항상 비전(vision)을 제시하는 미래 지향적인 목회를 했다. 그리고 홍정길 목사는 소외된 사람들, 장애를 가진 사람들, 그리고 북한의 가난한 어린이들에 대한 깊은 관심을 가지고 그가 가진 역량으로 그들을 정성껏 도왔다. 홍정길 목사는 큰 그릇이기에 많은 일이 그를 필요로 했다. 홍정길 목사는 모가 나지 않은 친구로 동료들 간에 널리 알려져 있다.

서대문 동산교회에서의 전도사 경험

동산교회는 특별한 교회이다. 대한예수교장로회 교단이 1959년 합동 측과 통합 측으로 분열했을 때 광화문에 소재한 새문안교회는 통합 측에 속하기로 결정을 했으나 동산교회는 통합 측의 신학적 입장과 세계교회협의회(WCC)에 대한 관용적 태도를 문제 삼아 통합 측에 남기를 거부한 일부의 성도들이 그 당시 고려신학교를 떠나 서울에 계셨던 박윤선 목사님을 중심으로 설립된 교회였다.

나는 총회신학교 1학년과 2학년 기간에는 어느 교회의 전도사로 한 부서를 맡아 봉사하지 않고 공부에만 전력하였다. 그 당시 총회신학교 학생들이 서울에 있는 교회에서 전도사로 봉사하는 것이 선망의 대상이 될 정도로 굉장히 어려운 일이었다. 나는 3학년이 되자 교회의 경험이 필요하다고 생각하여 동산교회에 전도사로 써 줄 것을 신청하였는데 큰 어려움 없이 허락을 받았다. 그래서 나는 1969년 1월부터 동산교회의 중고등부 지도 전도사로 봉사를 시작하였다. 부임하자마자 대구 서현교회에서 열렸던 청년 집회에 동산교회 중고등부 학생들이 참석하였는데 대예배 장소의 마이크 시스템이 좋지 않아 강사의 말을 잘 알아들을 수 없었을 뿐만 아니라 날씨가 너무 추워 무척 고생한 기억이 아직도 생생하다.

　그 당시 동산교회 담임목사님은 김성환 목사님이셨고, 부목사님은 고응보 목사님이셨는데 고응보 목사님은 내가 맡은 중고등부의 지도 목사님이셨다. 김성환 목사님의 설교는 성경 중심으로 교리 설교를 힘 있게 전하는 목사님으로 널리 알려져 있었다. 그리고 김성환 목사님은 축구를 무척 좋아하셨다. 나는 1970년 10월에 미국 유학을 떠나기 전까지 동산교회의 중고등부 지도 전도사로 봉사하였다. 아직도 기억에 생생한 경험은 1970년도 학생들 가정을 대심방할 때인데 어느 가정에서 심방 대원들에게 대접한 커피의 맛이 참으로 일품이었다는 것이다. 여기서 한 가지 언급할 것은 대략 2년이 약간 미치지 못하는 기간 동안 전도사로 봉사하면서 한 번도 김성환 목사님이나 고응보 목사님의 간섭이나 꾸중을 들어 본 적이 없다는 것이다. 나는 교회의 한 부서를 처음 섬기기 때문에 여러 가지 부족한 점이 많았지만 두 목사님은 나를 전폭적으로 믿어 주셨고 간섭을 하지 않으신 인격적인 목사님들이셨다. 동산교회에서 전도사로 봉사하면서 좋은 성도들을 많이 만났다. 동산교회에서의 전도사 경험은 참으로 유익하고 즐거운 시간이었다. 그때 가르쳤던 학생 중에 계속 공부하여 여러 대학교의 교수로 봉사하는 것을 보면서 하나님께 감사의 마음을 드린다.

하나님의 은혜로
미국 웨스트민스터신학대학원에 유학 간 청년

나는 미국 웨스트민스터신학대학원(Westminster Theological Seminary)에 빚을 많이 진 사람이다. 한국에서 1969년 12월에 총신대 신대원을 졸업하고 웨스트민스터신학대학원에 입학 수속을 할 때 나는 도저히 경제적으로 유학 갈 수 있는 형편이 아니었다. 그래서 나는 웨스트민스터신학대학원에 편지로 전액 장학금을 청원했고 웨스트민스터신학대학원은 입학 허락과 함께 숙식을 포함한 전액 장학금을 주셨다. 그런데 한국에서의 모든 유학 준비를 마치고 정작 미국 여행 준비를 하는데 비행깃값을 마련할 수가 없었다. 그래서 나는 웨스트민스터신학대학원에 여비 장학금을 또 신청했다. 그때 외국 유학생들의 여비 보조를 위해 덴덜크 장학금이 있었는데 나는 그 장학금을 수여 받았다. 웨스트민스터신학대학원은 원 웨이(one way) 비행기 표 비용으로 $400을 보내왔다. 웨스트민스터신학대학원의 이런 배려가 없었다면 나는 유학의 길을 떠나지 못했을 것이다.

나의 유학 생활의 시작은 누가 보아도 무모한 시작이었다. 나는 정식으로 강도사(licentiate) 인허를 받고 유학길에 오르기를 원하는 마음을 가지고 있었다. 나는 1969년 12월에 총회신학교를 졸업하고, 1970년 6월 강도사 고시를 합격하고, 9월 총회에서 합격을 확인받았다. 이제 10월 초에 모이는 노회의 인준만 받으면 정식으로 강도사가 되는 것이었다. 그런데 1970년 미국 웨스트민스터신학대학원은 그 당시 쿼터제도(Quarter)를 사용하고 있어서 늦게 개강을 하게 되었다. 마침 웨스트민스터신학대학원의 개강일과 내가 강도사 인허를 받아야 할 순천노회의 회집 일자가 같은 날이었다. 나는 강도사 인허를 받고 유학을 가려는 욕심 때문에 순천에서 모이는 노회에서 강도사 인허를 받고, 그날 저녁으로 서울로 출발하여 다음 날 아침에 서울 역에 도착했다. 그리고 그때 살고 있던 상도동으로 가서 짐을 꾸려 오후에 김포공항으로 가서 그 당시 유일한 항공편이었던 노스웨스트(Northwest) 편으로 유학길에 오른 것이다. 시차 관계로 하루를 벌고 필라델피아에 도착했기 때문에 내가 웨스트민스터신학대학원에 도착한 날짜는 개학한 바로 다음 날이었다. 내가 미국에서 처음 만난 사람은 나를 필라델피아 공항에서 픽업(pick up) 해 준 최낙재 목사였다. 최낙재 목사는 친절하고, 실력 있고, 겸손한 하나님의 종이었다. 그는 웨스트민스터신학대학원에서 목회학석사(M.Div) 과정을 마치고 나와 함께 신학석사(Th.M) 과정을 같은 시기에 공부하고 함께 졸업한 귀한 목사였다. 최낙재 목사와 나는 같은 해 1972년 신학석사 학위를 받았다. 한국으로 귀국한 이후 나는 최낙재 목사와 함께 총신대 신대원과 합동신학교를 잠시 함께 섬긴 적이 있다. 최낙재 목사는 2010년 하나님의 부르심을 받았다.

나는 웨스트민스터신학대학원에서 첫날 밤에 특이한 경험을 한다. 최낙재 목사의 안내로 웨스트민스터신학대학원 기숙사(현재 메이천 홀)에 도착했을 때는 자정을 훨씬 넘은 시각이었다. 그런데 나의 룸메이트가 있었는데 지금 기억으로 그의 이름이 크래이그(Craig)였다. 침대가 이층으로 된 벙크(bunk) 침대였는데 나는 아래쪽을 쓰고 그는 위쪽을 쓰기로 했다. 그런데 그의 키가 너무 커서 내가 아래쪽에 누워서 쳐다보면 그의 발이 침대 밖으로 나와 있었다. 잠을 설치고 다음 날(아니 그날) 강의실에 갔더니 교수님의 강의가 전혀 귀에 들어오지 않고 단어만 몇 개씩 알아들을 수 있을 정도였다. 그도 그럴 것이 개학은 어제 했는데 나는 오늘 아침에야 미국에 도착했기 때문이다. 유학을 위해서는 개강하기 한 달쯤 전이나 적어도 한 주 전에는 학교에 도착하여 주변 지리도 익히고 학교 교실이나 도서관의 책이 어떻게 배열되었는지 등을 알아 두어야 하는데 나의 경우는 참으로 무모한 유학 생활의 시작이었다. 이 무모함의 후유증은 거의 3주가 지나서야 해소되었다.

웨스트민스터신학대학원 재학 시 결혼하고
신혼여행 간 이야기

박형용 군과 강순자 양의 결혼기념일은 12월 19일이다. 나는 미국 유학의 첫 학기를 마치고 결혼을 하게 되었다. 결혼에 대한 이야기는 2-3년 전으로 거슬러 올라간다. 왜냐하면 내가 총회신학교에 다니고 있을 때 나는 감지하지 못한 사실이었지만 나중에 밝혀진 내용으로는 나의 스승이셨던 김의환 교수님께서 나를 자신의 동서로 마음먹고 미국에 가 있는 자신의 처제에게 처형을 통해 나의 사진 등을 보내 사전 준비를 한 것이다. 그리고 유학을 떠나는 나에게 자신의 처제를 소개하였고 나는 현재의 아내인 강순자 양을 필라델피아에서 처음으로 만나게 되었다. 그 당시 강순자 양은 필라델피아 시내에 소재한 세인트 조셉 병원(St. Joseph's Hospital)의 간호사로 일하고 있었다. 나는 몇 차례 만났고 첫 학기 어느 시점에 김의환 박사께서 필라델피아에 들러 약혼을 주선해 주셨다. 그래서 나는 정식으로 교제를 하고 유학생의 형편을 고려하여 방학 동안에 결혼하기로 의논하였다. 그 당시 필라델피아에 거주하는 여러 지인이 나의 결혼을 준비하고 축하해 주었다.

결혼식은 시내의 한 교회에서 하기로 하고 주위 친구들과 선배들이 이것저것 다 감당해 주어서 결혼 비용은 내 기억으로 $300 정도 든 것 같다. 하기야 3개월 전 처음 유학 올 때 딱 $300 가지고 미국에 왔으니 돈이 있을 리 없다. 우리의 결혼주례를 해 주신 필라델피아한인교회(Philadelphia Korean Church)의 오기항 목사님께 약간의 사례를 하고 나머지 결혼피로연 등은 친구 집에서 감당해 주었다. 그리고 신혼 생활은 웨스트민스터신학대학원의 독신 기숙사에서 윌로우그로브 가(Willowgrove Street)에 위치한 결혼한 학생을 위한 기숙사(married student dormitory)로 옮겨 살게 되었다. 우리는 그곳에서 학위를 받고 애틀랜타(Atlanta)로 내려갈 때까지 살았다.

나는 이렇게 총각 신세를 면하게 되었다. 우리의 신혼여행에 일화가 있다. 우리는 결혼하는 날 신혼여행을 떠나지 않고 하루를 지난 후 12월 20일에 출발하여 필라델피아 북쪽에 위치한 포코노(Pocono)에 한 숙소를 예약하고 자동차로 포코노까지 갔다. 그런데 포코노에서 하룻밤을 지내고 그 근처를 산책하는데 그 근처의 한 교회에서 크리스마스 캐럴(carol)을 돌고 있는 것이 아닌가. 우리는 그 교회를 전혀 알지 못하지만 그들의 허락을 받아 함께 크리스마스 캐럴을 했다. 지금 생각하면 무슨 이런 신혼부부가 있는가 하고 생각이 되지만 그때는 참으로 즐거운 마음으로 시간을 보냈다. 예수님이 좋았고 같은 신앙을 가진 성도들과 어울리는 것이 그렇게 좋았다. "보라 형제가 연합하여 동거함이 어찌 그리 선하고 아름다운고"(시 133:1)라는 말씀이 그대로 느껴지는 시간이었다.

반틸(Van Til) 박사의 변증학 강의

반틸 박사의 변증학 강의는 미국에서뿐만 아니라 한국에
까지 잘 알려진 과목이다. 반틸 박사의 변증학 강의가 신학석
사(Th.M.) 과정의 필수 과목은 아니었지만 나는 그 유명한 반틸
(Van Til) 박사의 변증학 강의를 들어보고 싶은 생각에 청강하
게 되었다. 유학 초년병인 나는 그 변증학 시간에 인물들의 영
어 발음 때문에 곤혹스러울 때가 많았다. 내가 한국에서 습득
한 영어로는 에녹(Enoch)이라고 발음하는 줄 알았는데 반틸 박
사님은 "이낙"으로 발음하시지 않는가? 또 나는 소크라테스
(Socrates)로 알고 있는데 "싸크리티스"로 발음하셔서 잘 알아듣
지 못한 경우가 많았다. 강의 후에 물어서 안 사실은 "이낙"이
바로 한국어로 번역된 "에녹"(Enoch)이요, "싸크리티스"가 한국

에서 발음한 "소크라테스"라는 것을 알게 되었다. 성경 명칭 중에는 "골로새서"와 "갈라디아서"의 발음도 헷갈리곤 했다. 이처럼 유학 간 후 처음 몇 달 동안은 영어 발음 때문에 혼란스러운 적이 한두 번이 아니었다.

그리고 그때 깨달은 것 중의 하나는 간하배(Harvie Conn) 교수가 총회신학교에서 가르치실 때 강의 중 분필을 학생들에게 자주 던지곤 했는데 그런 습관이 반틸 박사로부터 왔다고 생각했다. 강의시간에 반틸 박사님은 학생들에게 자주 분필을 던지곤 하셨다. 그것도 상당히 정확한 조준으로 학생들을 맞히시곤 하셨다. 그런데 그 유명하신 반틸 박사님이 그 당시 메이천 홀의 지하에 그의 저서들을 보관하고 있었는데 학생인 나의 손을 잡고 지하실로 가시더니 그의 모든 저서를 한권씩 나에게 선물로 주셨다. 그 당시 그의 책은 이미 출판된 책도 있었지만 어떤 책은 강의안의 형태로 있는 것이었다. 나는 아직도 반틸 박사가 주신 그 책들과 강의안을 나의 서재에 보관하고 있다. 반틸 박사는 참으로 마음이 따뜻한 교수님이셨다.

미국 웨스트민스터신학대학원 교정에서 반틸 박사와 함께

성자 같은 스킬톤(Skilton) 박사

나는 스킬톤(John Skilton) 박사의 강의를 몇 과목 들었다. 스킬톤 박사는 나에게 비교적 좋은 성적을 주셨다. 그러나 나는 스킬톤 박사가 신약 분야 위원장이셨지만 스킬톤 박사를 나의 논문 지도교수로 모시지는 않았다. 나의 논문 지도교수는 개핀 박사였다.

그런데 신학석사(Th.M.) 논문을 다 쓴 후 논문 디펜스를 할 날이 잡혔다. 그 당시 웨스트민스터신학대학원에서는 학생의 논문 디펜스를 할 때 다른 분야의 교수님들도 초청하였다. 나의 논문 디펜스 때에는 신약 분야의 교수님들은 물론 다른 분야의 교수님들도 많이 참석하셨다. 그런데 나의 논문 중 "주는 영이시니 주의 영이 계신 곳에는 자유 함이 있느니라"(고후

시간, 나무가 되다 : 거목이 된 한 순례자의 시간

3:17)는 구절을 어떻게 이해하느냐에 대해 다룬 부분이 있었다. 그 당시 웨스트민스터신학대학원에는 교수들 사이에서도 고린도후서 3:17의 "주"가 누구를 가리키는지, 그리고 "영"이 대문자 "성령"을 뜻하는지 아니면 소문자 "영"인지에 관해 일치를 보지 못하고 있는 형편이었다. 휴즈(Hughes) 박사, 놀만 셰퍼드(Shepherd) 박사, 슬로트(Sloat) 교수, 그리고 개핀(Gaffin) 박사 등이 고린도후서 3:17 이해에 약간의 차이를 가지고 있었다. 나는 나의 지도교수이신 개핀 박사의 의견이 성경을 바로 이해하는 것으로 알고 그의 의견을 따랐다.

그런데 나의 논문 디펜스에 조직신학 교수이신 놀만 셰퍼드 박사님이 참석하셔서 처음에는 헬라어 성경의 한 부분을 읽고 해석해 보라고 하시더니 바로 이 고린도후서 3:17의 문제를 들고나왔다. 그 당시 셰퍼드 박사님은 학생들 사이에 상당히 까다로운 교수님으로 회자되고 있었다. 나는 서투른 영어로 논리적으로 설명할 수 없음을 알기에 마음이 떨리기 시작했다. 큰일 났다고 생각하고 있는데 사회를 맡으신 스킬톤(John Skilton) 박사님이 개입하셔서 "교수들 사이에도 일치를 보지 못하는 문제인데 학생에게 그것을 물어서 무엇 하겠느냐"고 셰퍼드 박사님의 질문을 가로채셨다. 나는 안도의 한숨을 쉬었고 논문 디펜스는 무난히 끝나게 되었다. 성자 같은 스킬톤 박

사님이 나를 도우신 것이다. 스킬톤 박사님은 진정으로 성자
이시다. 스킬톤 박사님은 나이 많으신 어머님이 계셨는데 그
어머님을 보살피기 위해 결혼도 하지 않으시고 일평생을 사
셨다. 스킬톤 박사는 학생들을 사랑하고 배려하는 모습을 삶
으로 보여주신 진정한 성자이셨다.

나의 신학체계에 큰 도움을 준 개핀(Gaffin) 박사

나는 총회신학교에서 개혁주의 신학을 배웠다. 삼위일체 하나님을 믿고 성경이 성령의 감동으로 기록된 정확무오한 하나님의 말씀임을 배웠다. 그리고 인간은 본래 죄인으로 영원히 죽을 수밖에 없는 존재인데 예수 그리스도께서 우리를 대신하여 십자가의 죽음으로 우리들의 죄를 대속하시고 부활하시어 우리에게 영원한 생명을 주신 사실을 배워서 믿게 되었다. 그런데 비록 개혁주의적인 입장에 서 있는 학자일지라도 성경을 해석하는 방법은 여러 가지 면으로 달라지게 되어 있다. 감사한 일은 총회신학교에서 간하배(Harvie Conn) 교수로부터 성경을 구속역사적인 전망으로 해석하는 방법을 배웠을 뿐만 아니라 같은 신학적 입장에 서 있는 많은 학자를 안내받게 되었다. 여기서 "안내받았다"라는 말을 쓰는 이유는 간하배 박사로부터 구속역사적인 전망으로 성경을 해석하고 신학체계를 세운 여러 신학자를 소개받고 또 그들의 저서들을 소개받았다는 뜻이다.

그런데 내가 미국 웨스트민스터신학대학원에 유학을 하러 갔을 때 리차드 개핀(Richard Gaffin) 박사가 나의 논문지도 교수로 정해졌다. 개핀 박사는 그의 신학 정립을 구속역사적인 전망으로 세운 학자이다. 그의 책 "부활과 구속"(Resurrection and Redemption)은 그런 관점에서 쓴 책이다. 나는 자연히 개핀 교수의 영향을 받았고 성경 해석을 구속역사적인 전망으로 해석하려고 한평생 노력하게 되었다. 내가 40여년 넘게 신학교육에 참여하면서 항상 학생들에게 성경을 하나님의 구속역사진행의 관점에서 보아야 한다고 강조한 것은 간하배 박사와 개핀 박사의 영향으로 말미암은 것이다. 간하배 박사와 개핀 박사는 그들의 신학적인 입장에서도 나에게 많은 영향을 끼쳤지만, 또한 그들의 인격도 나에게 큰 영향을 미쳤음을 밝히기 원한다. 하나님께서 귀한 스승들을 주신 것을 항상 감사하고 있다.

학자의 본을 보여주신
필립 휴즈(Philip Hughes) 박사

나는 상당히 긍정적이고 적극적인 성격을 가지고 있다고 자부하는 사람이지만 미국에 유학한다는 사람이 학교에 도착한 날짜가 개학한 다음 날에 도착했으니 문화적인 차이는 물론 사회적인 환경의 차이로 많은 어려움에 봉착하게 되었다. 게다가 시차에서 오는 몸의 균형이 전혀 정리되지 않은 상태에 있었고 또한 완벽하지 못한 영어 때문에 처음 한 달 정도는 힘든 나날을 보내고 있었다. 그때의 경험 때문에 나는 유학하는 사람은 학기가 시작되기 한 달 전쯤 유학하는 학교에 도착하여 공부 준비를 해야 한다고 조언을 한다. 사실은 나도 그렇게 하기를 원했지만, 한국 노회에서 강도사 인허를 받고 유학

가겠다는 결심 때문에 생긴 결과였다. 여하간 나의 미국 유학의 시작은 참으로 무모한 일정이었지만 지금 생각하면 후회보다는 웃음이 나온다.

이런 급박한 상황 속에서 나는 웨스트민스터신학대학원에 도착하여 첫 학기에 택해야 할 과목으로 휴즈 박사의 "고린도후서 세미나"를 택했다. 휴즈 박사는 그때 히브리서 주석을 쓰고 계시면서 학생들을 가르치셨다. 한 번은 고린도후서 세미나를 하시면서 "히브리서의 저자가 누구인지 아는 사람은 없느냐"고 학생들에게 웃으면서 질문하시기도 하였다." 그 때 히브리서의 저자는 "오직 하나님만이 아신다."(God only knows.)는 오리겐(Origen)의 말을 상기했던 것을 기억한다. 휴즈 박사가 지도하는 고린도후서 세미나는 학생들에게 발표하게 했고 또 한 편의 논문을 쓰게 하셨다. 나는 논문을 열심히 준비하였으나 영어의 미숙으로 인해 많은 인용을 짜깁기 식으로 정리하여 제출하였다. 그런데 휴즈 박사께서 코멘트(comment)까지 하시면서 그 논문에 A- 학점을 주셨다. 그래서 나는 휴즈 박사로부터 많은 격려를 받고 다른 과정도 무사히 마칠 수 있었다. 내가 애틀랜타(Atlanta)로 옮겨서 에모리(Emory)대학교에서 공부할 때 휴즈 박사에게 신약에 관한 몇 가지 질문을 편지로 하였는데 휴즈 박사는 시간을 내어 친절하게 나의 질문에 답을

주시기도 하였다. 나는 휴즈 박사로부터 학문의 깊이와 함께
후배들을 배려하는 인격을 배웠다.

필라델피아에서 개혁장로교회의 개척

미국에서 유학 생활을 하면서 반드시 필요한 삶이 교회 생활이다. 나는 그 당시 교포사회에 목사가 교회를 개척하여 좌지우지하는 병폐를 목격하게 된다. 그래서 나는 같은 뜻을 가진 동료 학생들과 함께 개혁장로교회(Reformed Presbyterian Church)를 설립하기로 한다. 우리 모두의 뜻은 목사가 아닌 일반 성도들이 교회를 설립하여 목사님을 청빙해 오면 문제가 더 적을 것으로 생각한 것이다. 그래서 개혁장로교회라는 이름으로 교회를 설립하고 목사님으로 총회신학교 교수를 역임하시고 은퇴하신 후 잠시 필라델피아에 와 계셨던 이상근 목사님을 담임 목사님으로 모셨다. 이상근 목사님이 로스앤젤레스(Los Angeles)로 떠나신 이후 다른 몇 분의 목사님을 모셨다. 그러나 교회의 형편상 풀타임 목사님을 모실 수 있는 상황이 아니었다. 그래서 한때는 신학생들이 돌아가면서 설교하기로 한 기간도 있었다.

한 번은 개혁장로교회가 미국의 커버넌트장로교회(Covenant Presbyterian Church)의 한 공간을 빌려 예배를 드릴 때였다. 어느 한 주일은 내가 설교를 하기로 정해진 주일이었다. 내가 아내와 함께 11시 예배를 인도하기 위해 예배드릴 장소에 갔더니 그날은 아무도 나타나지 않은 것이다. 그래서 나는 아내 한 사람을 앞에 두고 설교를 한 적도 있다. 그러나 개혁장로교회는 장소를 옮겨 계속 예배를 드렸다. 한 주일은 예배를 드리기 위해 교회당 근처에 주차하다가 주차한 곳이 좋지 않은 장소여서 다른 곳으로 옮기려고 하는데 갑자기 어느 차가 우리 차와 충돌을 했다. 차 밖으로 나와 보니 윤영탁 교수(당시 윤영탁 선생)의 차가 우리 차와 충돌한 것이다. 그 당시 상황으로 보아 윤영탁 선생이 잘못한 것이다. 그런데 그 당시 우리 차의 보험이 윤 선생의 보험보다 훨씬 좋은 보험이었다. 그래서 사고의 책임을 내가 지고 사고 처리를 한 기억이 난다.

개혁장로교회는 계속 존재하다가 후에 필라델피아 지역에서 크게 역할을 한 영생장로교회로 이어지지는 않았지만 영생장로교회가 태어나는 데 큰 역할을 한 것만은 틀림없다.

나는 웨스트민스터신학대학원에서 신학석사를 마치고 박사
학위를 공부하기 위해 애틀란타로 옮기므로 개혁장로교회와
의 관계는 자연스럽게 정리되었다.

믿음의 형님 벤 월킨슨 목사

나는 1972년 5월 웨스트민스터신학대학원에서 신학석사
(Th.M.)를 마쳤다. 그 당시는 웨스트민스터신학대학원에 박사
학위 과정이 없었다. 그래서 나는 박사학위 과정이 있는 몇 학
교에 입학 신청을 했고, 따뜻한 남쪽 지역 애틀랜타(Atlanta 근교
Decatur)에 위치한 에모리 대학교(Emory University)에서 가장 좋은
조건으로 입학을 허락한다는 연락을 받았다. 그 당시 에모리
대학교는 남부 지방에서 꽤 평판이 있는 학교였다. 나는 박사
학위 공부를 위해 애틀랜타(Atlanta)에 위치한 에모리 대학교로
내려가면서 버지니아의 코베스빌(Covesville)에 들러 처음으로
아내와 함께 베티(Betty Bennington)를 만날 수 있었다. 우리는 이
틀 동안 좋은 교제를 할 수 있었다. 그 후에도 나는 버지니아 근

처의 미국교회를 순방할 때 베티를 다시 만날 수 있었다. 그것이 베티를 직접 만난 마지막이다.

내가 에모리대학교에서 학업을 계속하는 동안 놀랄만한 일들이 벌어지곤 했다. 우선 나의 미래 사역의 전환점이 될 수 있는 일이 있었다. 1972년 가을 추수감사절 연휴 기간에 남침례교 연합회에서 애틀랜타 근교의 학교에서 공부하고 있는 모든 외국 학생들을 조지아(Georgia) 주 북쪽 타코아 폴스(Toccoa Falls)에 위치한 남침례교 컨벤션 센터에 초청을 하였다. 우리 부부는 그 초청에 응하였다. 마침 장로교의 배경을 가진 전도사가 감리교 전통의 대학교에서 신학을 공부하기 때문에 캠퍼스 내에서 다른 학생들과 깊은 교제를 가질 수 없었다. 물론 캠퍼스 생활한 지가 얼마 되지 않은 이유도 있었다.

그런데 마침 남침례교 컨벤션 센터에서 한 장로교 목사를 만났다. 그의 이름은 오직 잔(John)으로만 기억이 된다. 성(family name)을 기억할 수 없어 미안할 뿐이다. 내가 잔에게 캠퍼스에서의 정황을 이야기하자 그가 곧바로 "애틀랜타로 돌아가면 벤 윌킨슨(Ben Wilkinson)이라는 목사를 만나보라는 것이었다. 그리고 현재 남장로교회(Presbyterian Church in the United States; 약자로 PCUS)에 속해 있는 보수주의 교회들이 남장로교에서 탈퇴하여 다른 보수주의 교단을 만들기 위해 준비 중이라고 전해 주었다. 나는 애틀랜타로 돌아와 전화번호부를 뒤져 벤 윌킨슨 목사의 번호를 찾아 그에게 전화를 걸었다. 그의 특유의 대화법으로 "오시오. 이야기해 봅시다."(Come on over, Let's talk.)라고 하여 나는 그의 집 뒤쪽에 위치한 그의 사무실로 방문하였다. 그는 그 당시 "장로교 전도협회"(Presbyterian Evangelistic Fellowship; 약자로 PEF)의 회장이었다. 장로교 전도협회는 교회의 부흥을 위해 부흥 집회와 사경 집회를 도와주는 기관이었다. 나는 벤을 처음 만나 2시간 내지 3시간 정도 함께 이야기 하였다. 그는 형님과도 같은 분으로 나의 앞으로의 사역을 위해 많은 기여를 한 분이다. 벤이 1977년에 보내온 다음의 추천서는 우리의 관계가 어떤 관계였는지를 엿보게 한다. 다음의 영어 원문을 사용한 것은 내가 벤 윌킨슨 목사의 마음을 되새기기 위해서이다.

To whom it may concern:

This is to certify that Dr. Hyung Yong Park, Dr. Young Park to us, served as Associate Professor of New Testament from September 1, 1973 through February 28, 1977. From June, 1975 until February, 1977 he also served as Academic Dean developing and overseeing our curriculum and faculty. We found his interest and abilities to be equal to the opportunities that came to him. Due to his labors largely The Atlanta School of Biblical Studies became an institution firmly established academically and spiritually.

We stand unreservedly ready to recommend him in his call and profession without reservation.

Ben Wilkinson (signed),

President

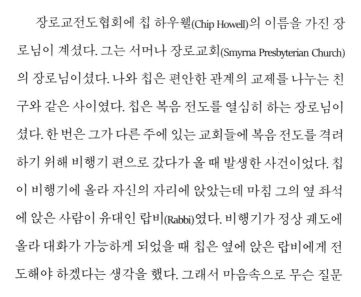

아이 돈 노우(I don't know)와 아돗나이(Adonai) 사건

장로교전도협회에 칩 하우웰(Chip Howell)의 이름을 가진 장로님이 계셨다. 그는 서머나 장로교회(Smyrna Presbyterian Church)의 장로님이셨다. 나와 칩은 편안한 관계의 교제를 나누는 친구와 같은 사이였다. 칩은 복음 전도를 열심히 하는 장로님이셨다. 한 번은 그가 다른 주에 있는 교회들에 복음 전도를 격려하기 위해 비행기 편으로 갔다가 올 때 발생한 사건이었다. 칩이 비행기에 올라 자신의 자리에 앉았는데 마침 그의 옆 좌석에 앉은 사람이 유대인 랍비(Rabbi)였다. 비행기가 정상 궤도에 올라 대화가 가능하게 되었을 때 칩은 옆에 앉은 랍비에게 전도해야 하겠다는 생각을 했다. 그래서 마음속으로 무슨 질문부터 할까 생각하면서 "당신 나라 말로 하나님을 어떻게 말합니까?"(How do you say God in your language?)라고 물었다. 그런데 랍비의 대답이 전혀 의외의 답이었다. 칩이 듣기로는 랍비의 대답이 "아이 돈 노우"로 들린 것이다. 그래서 칩은 자신이 영어를 너무 빨리 말해서 그런가 생각하고 아주 천천히 "당신 나라 말로 하나님을 어떻게 말합니까?"라고 또박또박 물었다. 그런데도 랍비의 대답은 칩에게는 "아이 돈 노우"로 들렸다. 그래서 칩은 속으로 도대체 랍비라는 사람이 자기 나라 말로 하나님도 말할 수 없는가 하고 생각하면서 대화를 이어갈 수 없었다. 두 사람은 돌아오는 비행기 안에서 내내 어색한 상태로 보냈다.

그다음 날 칩이 사무실로 출근을 하였다. 장로교전도협회는 매일 11시부터 12시까지 경건회로 모인다. 마침 칩(Chip)이 여행 갔다가 처음으로 출근한 날 내가 경건회를 인도하게 되었다. 경건회로 모일 때 성경 말씀의 묵상을 나누기도 하지만 또한 자신의 경험을 서로 나누기도 한다. 그런데 칩이 비행기 안에서 있었던 랍비와의 대화를 꺼냈다. 그의 랍비와의 대화를 들으면서 나는 랍비가 잘못하지 않았고 칩이 이해하지 못했음을 감지했다. 그래서 내가 칩에게 "칩, 혹시 그 랍비가 대답할 때 '아돗나이'라고 하지 않았는가?"라고 물었더니, 칩이 곰곰이 생각한 후에 그런 것 같다고 대답했다. 그래서 나는 칩에게 유대인들은 하나님을 저호바(Jehovah)라고 발음하지 않고 아돗나이(Adonai)라고 발음하는데 그 이유는 유대인들이 하나님의 이름을 직접 부르는 것은 신성모독으로 생각하기 때문이라고 설명했다. 그래서 히브리어를 배우지 않은 칩 장로님은 유대 랍비가 "아돗나이"라고 바르게 대답을 했는데 "아돗나이"를 "아이 돈 노"로 이해하고 대화를 하지 못한 것이다. 이 사건이 있고 난 이후 나는 칩 장로님을 만날 때마다 "아돗나이"라고 말하고 우리는 서로 크게 웃곤 했다.

왜 미국이 살만한 나라일까?

내가 에모리대학교(Emory University)에서 박사학위 과정을 공부하고 있을 때의 일이다. 1974년 어느 날 전혀 연락이 없던 한국에 계신 원대성 목사님으로부터 한 통의 편지가 왔다. 나의 주소를 어떻게 알았는지 알 수 없지만 원대성 목사님이 나에게 도움을 요청하기 위해 보낸 편지였다. 편지의 요점은 원대성 목사님이 미시시피주 잭슨시(Jackson, MS)에 위치한 개혁신학대학원(Reformed Theological Seminary)으로부터 전액 장학금을 받고 한국의 미국 영사관에 유학 비자신청을 하였다. 그런데 미국 영사가 원대성 목사님이 나이가 많다는 이유로 비자를 내주지 않은 것이다. 원목사님이 여러 차례 시도했지만 모두 실패한 것이다. 그 당시 원대성 목사님은 50대 초반이셨다. 그리고 그 당시는 미국 영사관에서 목사들에게 비자를 쉽게 내주지 않은 시기였다.

원대성 목사님의 편지는 나에게 비자를 받을 수 있도록 도와달라는 것이었다. 편지를 읽은 후 나는 무슨 수로 원 목사님이 비자를 받을 수 있도록 도울 수 있겠는가 생각해 보았다. 그리고 결론은 불가능하다는 것이었다. 그런데 나의 머리를 스쳐 가는 하나의 생각이 떠올랐다. 그것은 미국 국무부 장관과 이 문제에 도움이 될 만한 분들에게 편지를 한 번 써 보는 것이었다. 그래서 나는 조지아주(State of Georgia)의 상원의원 두 분에게와 국무장관에게 편지를 쓰기로 작정했다. 그 당시 조지아주의 상원의원은 헐만 탈매지(Herman E. Talmadge; 1957-1981) 의원과 샘 넌(Sam Nunn; 1972-1997) 의원이었으며, 국무장관(Secretary of State)은 헨리 키신저(Henry Kissinger)였다. 내가 이 세 분에게 원대성 목사님의 형편을 적고, 공인된 미국의 신학대학원에서 전액 장학금(full scholarship)을 받았는데도 불구하고 비자 문제에 있어서 나이 때문에 차별 대우를 받는 것(age discrimination)은 정당하지 않다고 말하고 적절한 조치를 요청했다. 사실상 나는 기대하지 않고 원대성 목사님의 편지를 받고 아무것도 하지 않을 수 없어서 국무장관과 상원의원들에게 편지를 쓴 것이었다.

그런데 기적 같은 일이 벌어졌다. 국무부에서 비자를 내주는 일은 영사의 전권이라는 말과 함께 그 사건에 대해 알아보겠다고 나에게 편지를 보내왔고, 헐만 탈매지 상원의원 사무실에서도 그 사건의 진상을 조사해 보겠다고 답장이 왔다. 그런데 내가 그 편지를 받은 후 몇 주 후에 원대성 목사님이 유학 비자를 받았다는 소식을 전해 왔다.

그리고 내가 새순교회의 협동목사로 봉사하고 있을 때의 일이다. 새순교회 장로님이셨고 그 당시 전국경제인연합회 (Federation of Korean Industries)의 총무로 수고하셨던 정정섭 장로님이 1985년 11월에 미국 워싱턴을 방문할 계획이 있었다. 내가 정정섭 장로님의 복음에 대한 열정과 헌신을 잘 알고 있었기 때문에 나는 그 당시 미국 정부의 내무장관(The Secretary of the Interior)이셨던 호델(Donald Paul Hodel) 장관에게 정정섭 장로님을 소개하고 잠시라도 만나 줄 것을 부탁하는 편지를 썼다. 그런데 나의 이런 편지에 호델 장관께서 정장로님을 만나시겠다는 친필 서명이 있는 편지를 보내왔다. 그의 편지의 내용은 "Dear Dr. Park, Your letter found me very quickly both from McLean Presbyterian Church and at my office. If my schedule permits, I would welcome a brief visit from Mr. Jung-Sup. Very truly yours, Donald Paul Hodel(signed)"로 되어 있었다.

나는 이런 사건들의 과정과 결과를 보면서 러시아에서 이런 일이 발생할 수 있을까? 한국에서 이런 일이 발생할 수 있을까? 어느 나라에서 이런 일이 있을 수 있을까? 라고 생각하면서 미국 정치인들의 책임 있는 행동에 다시 한번 감동하게 되었다. 미국 정치인들의 행동은 미국을 살만한 나라로 만드는 데 일조를 한 것이다.

유학생의 외식(外食)과 아내 구출 작전

유학생들의 삶은 경제적으로 핍절한 상황이다. 물론 재력
이 튼튼한 부모를 둔 유학생의 경우는 다를 수 있다. 지금도 마
찬가지이겠지만 1970년대는 더욱더 그러했다. 내가 애틀랜타
(Atlanta) 소재 에모리대학교(Emory University)에서 박사학위 공부
를 하고 있을 때는 경제적으로 힘든 시절이었다. 물론 공부하
는 일 때문에 시간이 없었기 때문이기도 했지만, 특히 경제적
으로 힘들었기 때문에 아내와 함께 외식한다는 것은 호사스
러운 일일 수밖에 없었다.

그런데 하루는 마음을 크게 먹고 아내와 함께 외식하기로
작정하였다. 지갑에 20불 지폐를 넣고 둘이서 이 정도면 넉넉
하리라 생각하고 자동차에 올랐다. 약 20분 정도 운전을 하는

데 길가에 기차 한 동체를 떼어다 놓은 것처럼 보이는 식당이 있었다. 그래서 식당 앞에 주차하고 식당 안으로 들어갔다. 식당에는 샐러드 바(Salad bar)도 있고 꽤 괜찮은 식당이었다. 우리는 자리에 앉아 모처럼 스테이크 정식을 시키고 샐러드 바의 채소도 마음껏 즐겼다. 식사를 마치고 식당 직원이 계산서를 가져다주는데 놀랄 수밖에 없었다. 내가 가지고 있는 돈은 20불이 전부인데 계산서의 금액이 20불을 초과한 것이다. 이를 어쩌나 하고 생각하다가 아내 구출 작전을 하기로 마음먹었다. 그래서 아내에게 자리에 계속해서 앉아 있으라고 말한 후 나는 차를 타고 집으로 향했다. 유학생이기에 그때는 신용카드도 없었고 현찰을 구하기 위해서는 집으로 갈 수밖에 없었다. 약 20분 정도 걸려 집에 도착하여 주섬주섬 잔돈을 모아서 외식 값을 지불하는데 필요한 돈을 마련하여 또 20분 정도를 운전하여 그 식당에 도착하였다. 아내는 식사 후에 약 40분 동안 인질로 잡혀있게 된 셈이다. 아내 구출 작전은 이렇게 하여 성공리에 마치게 되었다. 지금 생각하면 "세상에 이런 일이"라고 말할 정도로 있을 수 없는 사건이지만 그렇게 나쁜 경험만은 아닌 것 같다.

강도를 너털웃음으로 쫓아낸 한 유학생

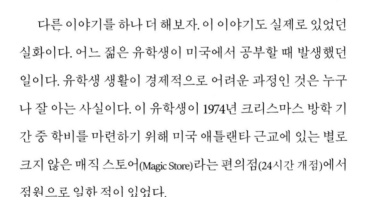

다른 이야기를 하나 더 해보자. 이 이야기도 실제로 있었던 실화이다. 어느 젊은 유학생이 미국에서 공부할 때 발생했던 일이다. 유학생 생활이 경제적으로 어려운 과정인 것은 누구나 잘 아는 사실이다. 이 유학생이 1974년 크리스마스 방학 기간 중 학비를 마련하기 위해 미국 애틀랜타 근교에 있는 별로 크지 않은 매직 스토어(Magic Store)라는 편의점(24시간 개점)에서 점원으로 일한 적이 있었다.

하루는 예전과 같이 상점에서 일하고 있는데 오전 11시 30분경 20세 정도로 보이는 백인 청년이 편의점에 들어와 한쪽 구석에 있는 공중전화를 사용하기 시작했다. 그 청년은 약 30분 동안 전화 곁에서 시간을 보내다가 정오 12시쯤 되어 편의

점 안에 아무도 없을 때 99센트짜리 작은 통조림을 하나 가지고 계산 카운터로 다가왔다. 일반적으로 12시부터 1시 사이는 점심시간이므로 손님이 뜸한 시간이 많다. 그런데 한국 유학생이 아무것도 의식하지 못한 채 금전 계산기를 작동시켜 99센트를 계산하려 할 때 갑자기 권총을 들이대면서 금전 계산기 속에 있는 모든 돈을 탈취하려 했다. 그 순간 한국 유학생은 자세를 전혀 흩트리지 않고 큰 너털웃음을 웃었다. 이 너털웃음은 마음속에 무슨 계산이 있어서가 아니라 그냥 자연스럽게 발생한 광경이었다. 그리고 그 유학생은 강도로 돌변한 청년에게 "이런 경우 회사의 정책이 내가 가진 돈을 모두 당신에게 주게 되어 있으니 걱정하지 말고, 5분간만 진정한 삶이 무엇인지 먼저 나와 이야기하면 돈을 주겠다"고 말했다. 총부리 앞에서 이상한 상황이 벌어진 것이다. 그렇게 되자 초조해진 사람은 유학생이 아니라 강도 청년이었다. 강도 청년은 돈을 주지 않으면 쏘겠다고 위협했다. 그러나 한국 유학생은 돈은 줄 테니 걱정하지 말고 5분만 시간을 내서 진정한 삶의 목적이 무엇인지 이야기하자고 말했다. 협박과 대응이 교차하면서 약 7-8분의 시간이 흘렀고 그 강도는 초조해진 나머지 돈을 포기하고 달아나 버렸다.

유학생은 곧바로 관리인(Supervisor)에게 연락했다. 관리인은 15분도 채 되지 않아 권총을 가지고 상점에 나타났다. 그 후 5분도 안 되어 관리인의 연락을 받은 경찰순찰차 5대가 상점 사방에서 나타났다. 현장에 도착한 경찰이 사건의 진상을 들은 후 강도 맞은 것이 하나도 없으며 유학생이 동양인인 것을 보고 "당신이 강도를 물리친 것은 공자(Confucius)를 사용했기 때문이요?"라고 웃으면서 질문했다. 그때 그 유학생은 옆에 두고 틈틈이 읽었던 헬라어 성경을 가리키면서 "공자를 이용한 것이 아니라 성경과 예수님을 이용했소"라고 대답했다. 후에 이 사실을 전해 들은 동료들은 위험한 일을 했고 어리석은 일을 했다고 그 유학생에게 경고의 말을 해 주었다. 바로 그 유학생은 에모리 대학교(Emory University)에서 박사학위 공부를 하고 있던 나 자신이었다.

어떻게 총부리 앞에서 너털웃음을 웃을 수 있었을까? 내가 철판 옷이라도 입고 있었단 말인가? 내가 그렇게 위태하고 급박한 상황 속에서 태연하게 대처할 수 있었던 것은 나의 마음속에 "하나님의 평강"이 있었기 때문이다. 하나님의 평강은 하나님의 영원하신 존재 속에 내재하는 평강으로 하나님께서 그의 자녀들에게 나누어주시는 평강이다. 하나님의 평강은 하나님을 의지하는 성도가 경험할 수 있는 마음의 안정과 고요함이다. 이 하나님의 평강은 모든 지각을 능가하게 한다. 그래서 하나님을 의지하는 성도는 도저히 불가능한 상황 가운데서 하나님의 평강을 체험하는 것이다. 성경 말씀은 "주 안에서 항상 기뻐하고 다른 사람에게 관용을 베풀면서 무엇이든지 감사함으로 하나님께 기도하면서 살면, 그리하면 모든 지각에 뛰어난 하나님의 평강이 그리스도 예수 안에서 너희 마음과 생각을 지키시리라"(빌 4:4-7 참조)고 가르친다. 내가 권총 든 강도 앞에서 너털웃음을 웃을 수 있었던 것은 내가 예수님을 주님으로 모시고 살고 있었기 때문에 가능했다고 생각된다. 예수를 믿지 않는 불신자는 이런 상황에서 결코 웃을 수 없었을 것이다.

▲ 『하나님이 가라사대, 아니야』, 좋은미래, 2002, pp. 60-63에 "강도에게 권면한 5분간의 인생 상담"의 제목으로 게재된 것을 정리했다.

은혜 장로교회(Grace Presbyterian Church)로부터 받은 청빙

나는 에모리 대학교에서 공부할 때 교회의 직분으로 말하면 강도사(Licentiate) 신분이었다. 나는 미국에 유학 가기 바로 전 1970년 10월 초에 순천노회로부터 강도사 인허를 받았다. 강도사는 목사 안수를 받기 전에 시험을 거쳐 받는 자격을 말한다. 사실 웨스트민스터신학대학원에 개학 다음 날 도착한 이유는 개학 하루 전 서울에서 순천으로 내려가 순천노회를 통해 강도사 인허를 받고 저녁 기차를 타고 다음 날 아침에 서울에 도착하여 그날 오후에 미국행 비행기를 탔기 때문이었다. 그 당시 코리안 에어(Korean Air)나 아시아나(Asiana)와 같은 한국 국적기는 없었기 때문에 노스웨스트(North West) 비행기를 타고 김포 공항에서 미국으로 향했다.

내가 벤 윌킨슨(Ben Wilkinson) 목사를 만난 후 벤은 내가 강도사인 것을 알게 되었다. 벤은 그가 동료들과 함께 스톤 마운틴(Stone Mountain) 근처에 개척한 은혜장로교회의 초청으로 내가 북조지아노회(North Georgia Presbytery)의 목사안수를 받을 수 있도록 주선해 주셨다. 북조지아노회는 보수주의 교회들이 개별적으로 남장로교회(PCUS) 교단을 탈퇴하여 구성한 독립 노회로 보수주의 교단을 설립하기 위해 앞장선 노회였다. 그래서 나는 1973년 9월 29일 북조지아노회의 2시간 30분에 걸친 철저한 시험을 치른 후 목사안수를 받게 되었다. 그 당시 북조지아노회에 속한 교회의 조직은 담임목사가 있고 한국어로는 모두 부목사로 칭할 수밖에 없는 어소시에이트 패스터(Associate Pastor)와 어시스턴트 패스터(Assistant Pastor) 제도가 있었다. 어소시에이트 패스터는 교인들의 총회인 공동의회의 3분의 2의 득표를 얻어야 초청을 받을 수 있고, 어시스턴트 패스터는 담임 목사나 당회가 초청할 수 있는 제도였다. 나는 은혜장로교회의 어소시에이트 패스터로 초청을 받았다. 그런데 내가 어소시에이트 패스터로 활동하는 동안 은혜장로교회에는 담임 목사님이 계시지 않은 기간이었다. 그래서 나는 거의 매 주일 설교를 할 수밖에 없는 상황이었다. 나는 설교문을 열심히 준비하여 여러 번 읽은 후 설교를 하곤 했다. 나는 1973년

9월부터 1975년 2월까지 은혜장로교회를 섬겼다.

한번은 내가 주일 예배의 설교를 마치고 성도들을 환송하는데 해럴드 블랜킨쉽(Harold Blankenship: 소천함) 장로님이 나에게 다가와 "영(Young, 나를 미국 친구들은 그렇게 불렀음), 너는 왜 자꾸 우리들의 얼굴(face)로 구원을 받는다고 말하느냐?"고 웃으면서 말한 적이 있다. 한국어에는 영어의 알(R), 티에이취(Th), 브이(V), 에프(F) 등의 발음을 제대로 할 수 있는 발음체계가 되어 있지 않다. 그래서 한글은 Rest도 "레스트"라고 발음하고, Lest도 "레스트"라고 발음할 수밖에 없다. 그런데 내가 설교하면서 "우리는 믿음으로 구원받는다"(We are saved by faith.)라는 말을 발음하면서 "우리는 얼굴로 구원받는다"(We are saved by face.)로 들리도록 발음을 한 것이다. 나는 그렇게 웃으면서 즐거운 파트타임 사역을 했다. 나는 은혜장로교회를 섬기면서 언어의 문제보다 마음의 소통이 서로를 더 가깝게 만든다는 사실을 확인했다.

그 후에 나는 역시 벤 윌킨슨의 소개로 애틀랜타성경신학교(Atlanta School of Biblical Studies: 약자로 ASBS)에서 헬라어를 포함하여 신약을 강의하곤 했다. 잔(John)이라는 이름을 가진 한 학생은 내가 알(R)과 엘(L)의 발음에 익숙하지 않은 것을 지적하면서 "영은 글릭(Gleek)을 잉그리쉬(Engrish)로 가르친다"(Young

teaches Gleek in Engrish.)고 말해 얼마나 웃었는지 모른다. 은혜장
로교회(Grace Presbyterian Church)에서 설교한 설교문은 내가 종합
정리하여 후에 내가 합동신학대학원대학교의 교수로 재직
하면서 "구속과 새로운 생명"(Redemption and Newness of Life. Hapshin
Press, 2001)이라는 제목으로 출판하였다.

여기서 은혜장로교회의 담임목사이신 에드 컨닝햄(Edwin
Cunningham)에 대해 잠시 언급하기를 원한다. 컨닝햄 목사님은
은혜장로교회의 담임목사님으로 청빙 받아 봉사하고 있었다.
그는 원래 약국을 경영하는 약사이었는데 소명을 받아 미시
시피주에 소재한 개혁신학대학원(Reformed Theological Seminary)을
졸업하고 은혜장로교회의 청빙을 받아 담임목사로 봉직하게
되었다. 그의 아내는 약간 내성적이지만 충직한 내조자였다.
그런데 성도들은 알지 못했지만 몇 년 동안 목사의 아내로 교
회를 섬기는 것이 개인적으로 무척 힘들었던 것 같다. 아내의
힘든 상태를 지켜본 컨닝햄 목사님은 교회의 목사직을 사임
하기로 결심하고 그가 속한 북조지아 노회에 사직을 청원했
다. 그는 자신의 잘못 없이 목사직을 사임하기 때문에 "징계 없
이(without censure) 사직을 허락해 달라"고 청원을 하였다. 북조
지아 노회는 철저한 조사 후에 컨닝햄 목사님의 사직 청원을
허락하였다. 이제 그는 은혜장로교회의 담임목사가 아니다.

그러나 그는 계속해서 은혜장로교회의 예배에 참석하였다. 그런데 나는 놀라운 광경을 목격하였다.

담임목사직을 사임한 지 몇 주 지난 주일 예배에 컨닝햄 성도가 설교하기 위해 강대상 뒤에 서 있는 것이 아니요, 찬양대석에 다른 찬양대원들과 함께 서 있는 것이다. 얼마 전까지 교회의 목사로 봉사하던 분이 이제 목사직을 사임했기 때문에 자신의 은사로 그리스도의 교회를 섬기고 있는 것이다. 이런 일은 말하기는 쉽지만 실제로는 거의 불가능한 일이라고 생각된다. 한국 교회 안에서도 이런 일이 있을 수 있을까 생각해 보았다.

다음의 추천서는 컨닝햄 목사님이 은혜장로교회의 담임목사로 봉직하고 있을 때 보내온 것이다. 나는 미국장로교회의 외지선교부(MTW)의 파송을 받아 한국 총신대학교 신대원에서 교수로 가르치기 시작하면서 정착을 위해 여러 가지 서류들이 필요했다.

시간, 나무가 되다 : 거목이 된 한 순례자의 시간

Edwin E. Cunningham, Jr.
Pastor

806 Corundum Court
Stone Mountain, Georgia 30083
Phone 404 / 296-0690

June 6, 1977

To Whom It May Concern:

Dr. Hyung Yong Park was ordained by North Georgia Presbytery on September 29, 1973. After Dr. Park's ordination he served Grace Presbyterian Church in an unofficial capacity for a time, but on May 19, 1974, in a duly called meeting of the congregation Dr. Park was called as an associate pastor. He accepted the call and served faithfully until March 24, 1975 at which time the congregation dismissed him upon his request for resignation.

Dr. Park was not an assistant in any way. He was really the principal pastor of the church, but his title was an associate pastor because there were two other ministers who occasionally preached at the church. The reason that Dr. Park resigned is that the church called me to be in charge of all of the pastoral and preaching duties.

Sincerely in Christ,

Edwin E. Cunningham, Jr.

나에 대한 컨닝햄 목사의 소개서

3
가을철의 열매

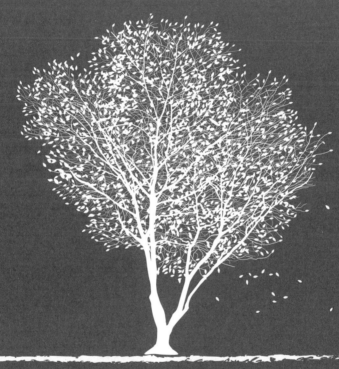

"오직 성령의 열매는 사랑과 희락과 화평과 오래 참음과
자비와 양선과 충성과 온유와 절제니 이 같은 것을
금지할 법이 없느니라"(갈 5:22-23).
"사람의 마음의 교만은 멸망의 선봉이요
겸손은 존귀의 길잡이니라."(잠 18:12).

북조지아 노회로부터 목사로 안수 받은 청년

나는 미국으로 유학 갈 때 한국의 대한예수교장로회총회에 속한 순천노회에서 강도사(licentiate)로 인허를 받았다는 사실은 이미 밝혔다. 일반적으로 목사로 안수받기 위해서는 먼저 강도사 인허를 받아야 한다. 그리고 어느 교회에서 청빙이 있으면 그 교회의 목사로 노회의 허락을 받아 임직할 수 있다. 한국 교회의 제도는 한 교회를 책임 맡은 목사를 담임목사(pastor)라고 명칭하고, 담임목사를 도와 그 교회를 섬기는 목사를 부목사(assistant pastor)라고 부른다. 그런데 담임목사를 청빙할 때는 그 교회의 전체 세례 교인들이 모인 공동의회에서 2/3 투표를 얻어야 한다. 그러나 부목사를 청빙할 때는 목사와 장로님들이 모인 당회에서 결정하여 모신다. 그러므로 부목사는 일반적으로 담임목사가 결정하면 장로님들이 목사님의 견해를 존중하여 그대로 따른다.

그러나 미국장로교회(Presbyterian Church in America)의 제도는 한국 교회의 제도와 약간 차이가 있다. 미국장로교회는 담임목사(pastor), 어느 부서 책임 부목사(associate pastor), 보통 부목사(assistant pastor)로 나누어진다. 미국장로교회의 경우 담임목사와 부서책임 부목사는 그 교회의 공동의회에서 2/3 투표를 얻어야 부임할 수 있고, 보통 부목사는 한국 교회의 경우와 마찬가지로 그 교회 담임목사와 장로님들이 결정한다.

그런데 나는 벤 윌킨슨(Ben Wilkinson) 목사의 도움으로 은혜장로교회로부터 부서책임 부목사로 청빙을 받았다. 교회의 청빙을 받았기 때문에 나는 북조지아노회(North Georgia Presbytery)의 시험을 치러야 했다. 나는 규정에 따라 신학 논문, 성경 주해 논문을 미리 제출하였다. 그리고 북조지아노회가 모인 날 나는 노회 앞에서 설교하였고, 설교 후에 각 분야의 시험을 치렀다. 내가 시험을 치를 때 북조지아노회는 신학 분야, 성경 분야, 교회역사 분야, 성찬에 관한 분야, 교회 정치에 관한 분야 등을 먼저 노회에서 지명한 목사가 질문하고 그 다음에 모든 노회 회원이 질문할 수 있도록 한다. 그렇게 진행된 시험 시간만 두 시간이 조금 넘게 진행되었다. 자신들 교회의 부목사가 될 나의 안수식을 보기 위해 노회 석상에 참석하여 생전 처음으로 노회의 목사시험을 목격한 은혜장로교회의 성도들 은혀를 내 두를 정도로 시험이 철저함을 목격하고 이구동성으로 목사 되는 것이 참으로 어렵다고 진술했다. 나는 모든 분야의 시험에 만족스럽게 통과하여 1973년 9월 29일 북조지아 노회로부터 목사 안수를 받았다. 나는 1973년 9월부터 1975년 2월까지 은혜장로교회의 부목사로 교회를 섬겼다.

미국장로교회(PCA) 창립총회 총대 중
유일한 외국 출신 총대

나는 1973년 9월 29일 북조지아 노회로부터 목사 안수를 받았기 때문에 1973년 12월 4-7일(화-금)까지 앨라배마주 버밍햄시에 소재한 브라이어우드장로교회(Briarwood Presbyterian Church)에서 열리는 국민장로교회(National Presbyterian Church, 약칭 NPC) 창립총회의 총대 자격으로 참석하였다. 국민장로교회는 1974년 제2회 총회로 모일 때 현재 사용하는 미국장로교회(Presbyterian Church in America)(PCA)로 이름을 바꾸어 현재까지 사용하고 있다. 그 이유는 다음에 밝히기로 한다.

미국장로교회의 창립총회에 참석한 노회는 16개 노회이며 전체 교회의 수는 215개 교회이고, 장로 총대 208명, 목사 총대 179명으로 전체 총대는 387명이었다. 전체 총대 387명 중에 외국 국적을 가진 총대는 오로지 나 한 사람뿐이었다. 나는 총대였기 때문에 창립총회에서 결의한 "국민장로교회로부터 세계에 흩어져 있는 모든 예수 그리스도의 교회에 보내는 메시지"(A Message to All Churches of Jesus Christ throughout the World from the General Assembly of the National Presbyterian Church)에 Young H. Park이란 이름으로 서명하였다. 그 당시 나는 미국친구들이 형용 박(Hyung Yong Park)을 제대로 발음할 수 없기 때문에 영 박(Young Park)이란 이름을 사용했기 때문이다. 나는 미국 친구들에게 나를 소개할 때는 항상 "나는 절대 늙지 않고 항상 젊은 영(젊은) 박"(I am Young Park, never old ever young.)이라고 소개했다(Minutes of the First General Assembly of the National Presbyterian Church, December 4-7, 1973, 참조).

국민장로교회(미국장로교회)의 창립총회 때에 브라이우드 교회당 안의 뒤쪽 2층에 그 당시 웬만한 교회의 리더라면 알 수 있는 칼 맥긴타이어(Carl McIntire) 박사가 방청객으로 참석하였다. 아마 새로 창립되는 총회의 이모저모를 알기 원했을 것이다. 그는 그가 출판하는 잡지에 미국장로교회의 창립을 비판하는 글을 실었다. 그 당시 맥긴타이어 박사는 필라델피아의 페이스신학교(Faith Theological Seminary)와 성경장로교회(Bible

Presbyterian Church)를 이끌어 오신 리더이셨다. 그런데 그의 독선적인 리더십 때문에 결국 패이스신학교는 문을 닫게 되었고 성경장로교회는 지리멸렬하게 되었다.

한 가지 여기서 짚고 넘어가야 할 사안은 미국장로교회의 기초를 다지는데 리더 역할을 한 목사 중에 한 분이신 폴 쎄틀 (Paul Settle) 목사님이 미국장로교회의 25주년을 기념하여 출판한 "모든 찬양과 영광을 하나님께"(To God All Praise and Glory)라는 귀한 책에서 잘못된 역사적 기록을 남긴 것이다. 쎄틀 목사님은 그 책에서 왜 미국장로교회가 창립되게 되었는지를 신학의 역사적 흐름에 근거하여 소상하게 소개해 주고 있다. 그런데 쎄틀 목사님이 25년이 지난 후에 기록한 책 인고로 한 가지 잘못된 내용을 전하고 있다. 그 내용은 미국장로교회가 앨라배마주 버밍햄에서 창립총회로 모일 때 "유일하게 한 한국 목사 차남진 박사가 참석했다"(only one Korean pastor Dr. Nam Jin Cha, was present)라고 기술했는데(p. 75), 이는 사실이 아니다. 미국장로교회의 창립총회 총대로 한국인을 포함한 외국인 목사로 유일하게 참석한 목사는 박형용(Young H. Park) 뿐이었다. 쎄틀 목사의 이런 실수는 그가 컬럼비아 신학교(Columbia Seminary)에서 수학할 때 차남진 박사와 함께 공부했기 때문에 그의 과거의 기억이 혼동을 일으키게 한듯하다. 차남진 박사는 미국장로교회 창립총회 이후에 태평양노회를 통해 미국장로교회에 가입하였고 조지아주 매이컨(Macon)에서 모인 제2회 총회 때에 참석하셨다(Minutes of the Second General Assembly of the PCA, p. 16 참조).

그리고 쎄틀 목사님은 나에 대해서도 몇 자 적었는데 그 일부가 역시 잘못된 역사적 사실이다. 쎄틀 목사님은 "또 다른 한국인 목사인 박형용 박사는 1973년에 역시 북조지아노회에 의해 영입되었다. 유명한 성경학자요 교사이며, 많은 학문적인 신학 저서를 펴낸 저자요, 표준새번역의 신약부분을 다른 두 학자와 함께 번역한 번역자이신 박 박사는 애틀랜타 소재 미국인 교회인 은혜장로교회를 개척하였다. 지금 그는 미국장로교회의 외지선교부(MTW)의 선교사로서 그의 조국에서 합동신학대학원대학교의 교수로 섬기고 있다."(Another Korean pastor, Dr. Hyung Yong Park was received by North Georgia Presbytery, also in 1973. Dr. Park, a noted Bible scholar and teacher, author of many scholarly theological works and a co-translator of the *New Korean Standard Version* of the New Testament, planted an Anglo congregation, the Grace Presbyterian Church, in Atlanta. He now serves as an MTW missionary in his homeland as a professor at Hapdong Presbyterian Theological Seminary.)(p. 75)라고 적는다. 그런데 은혜장로교회는 내가 개척한 교회가 아니요, 벤 윌킨슨 목사

와 뜻을 같이한 리더들이 개척하였고, 나는 그 교회의 부목사(Associate Pastor)로 청빙을 받은 것이다.

여기서 창립총회 때에는 국민장로교회(National Presbyterian Church)로 총회 명칭을 정하고 출발했는데 왜 현재는 미국장로교회(PCA)로 불리는지 그 경위의 설명이 필요하다. 1973년 12월에 창립한 국민장로교회에 대한 뉴스가 미국 전역에 퍼지자 1974년 초에 미국의 수도 워싱턴(Washington)에 위치한 '국민장로교회(National Presbyterian Church)'라는 이름을 가진 개 교회가 이 소식을 접한 것이다. 이 개 교회는 그 당시 우리가 북장로교회(Presbyterian Church in the United States of America)라고 부르는 총회에 속한 개 교회였다. 이 워싱턴의 개 교회인 국민장로교회가 자신들의 교회 이름과 동일한 이름을 새롭게 창립한 교단의 총회가 사용할 수 없다고 총회의 이름을 바꾸지 아니하면 법정에 고소하겠다고 국민장로교회의 총회 이름을 고칠 것을 요청했다. 그래서 국민장로교회 총회가 1974년 9월 17-20일에 제2차 총회로 매이콘(Macon, GA)에서 회집되었을 때 여러 제안된 이름 가운데 미국장로교회(PCA)를 선택하여 개명한 것이다. 1973년 12월 창립총회에서 앤피씨(NPC)로 시작했지만 2회 총회에서 피씨에이(PCA)로 고쳤기 때문에 지금은 계속 피씨에이라는 이름을 사용하고 있다. 제2회 총회 때에는 창립총회 때에

16개 노회였었는데 3개 노회가 가입하여 19개 노회가 되었다. 새로 가입한 노회 중에 태평양 노회(Pacific Presbytery)가 있었는데 그 노회의 회원으로 조천일 목사님, 차남진 목사님이 회원이셨다. 그래서 미국장로교회 제 2회 총회 때부터는 박형용을 포함하여 한국 태생 총대가 3명으로 늘어났다.

미국장로교회(PCA) 제2회 총회 때에 있었던 한 가지 인상 깊은 사실은 특강 강사로 오신 쉐이퍼(Francis Schaeffer) 박사가 강의 중 언급하신 한 마디의 말씀이다. 쉐이퍼 박사는 강의 중 "나는 지금 하나님의 말씀을 가리킬 때 '진실한 진리(true truth)' 라고 사용하는데 지금부터 20년 혹은 30년이 지나면 여러분들은 '진정으로 진실한 진리(true, true truth)'라고 진실한(true)을 두 번 써야 할 때가 올 것"이라고 예고하셨는데 쉐이퍼 박사의 예고 그대로 적중한 것 같아 우리의 막중한 사명을 다시 한번 다짐해 본다. 미국장로교회(PCA)는 46년을 지내오면서 개혁주의적이요 복음주의적인 장로교단으로는 가장 큰 교단이라고 할 수 있다. 현재 미국에서 장로교회 교단으로 가장 큰 교단은 '장로교회(미국)(The Presbyterian Church(USA))'이지만 이 교단의 신학적 입장은 자유주의라고 할 수 있다. "장로교회(미국)"은 자신들이 마치 유일한 장로교회처럼 '더(The)'를 앞에 부쳐 교만함을 드러냈다는 느낌이 든다. 장로교회로 개혁주의적인 입장의 교단으로는 미국장로교회(PCA)가 가장 큰 교단이라고 할 수 있다.

한 가지 특기할 사실은 1982년에 1973년에 창립된 미국장로교회(PCA)와 1965년에 창립된 개혁장로교회(RPCES)가 '합류와 영접(Joining and Receiving)'이라는 기치 아래 한 교단으로 태어난 것이다. '합류와 영접'이라는 기치는 개혁장로교회가 미국장로교회의 체제 안으로 들어오는 것을 뜻한다. 두 교단이 하나가 될 때 미국장로교회는 519개 교회의 교단이었고, 개혁장로교회는 187개 교회의 교단이었다. 그래서 합동된 미국장로교회는 1982년 당시 706개 교회의 교단이었다(1982년 제10회 총회록 21페이지 참조). 그런데 개혁장로교회는 언약대학(Covenant College)과 언약신학교(Covenant Seminary)를 교단 직영 학교로 소유하고 있었다. 두 교단이 합동된 미국장로교회(PCA) 첫 총회에서 총회장으로 추대된 목사님은 미국장로교회 쪽 목사가 아니라 숫자 적으로 훨씬 적은 개혁장로교회 쪽 목사님이셨다. 합동된 총회에서 총회장으로 선택된 목사님은 래어드 해리스(Laird Harris) 박사님이셨다. 그리고 미국장로교회는 1983년 개혁장로교회 쪽 목사님이신 폴 길크라이스트(Paul Gilchrist)를 부총무(Associated Stated Clerk)로 선출하여 교단 내의 상황을 익숙하게 한 다음 1988년부터 1998년 은퇴할 때까지 10년 동안 총무

(Stated Clerk)로 봉사하게 하였다. 미국장로교회에서 총무는 자신이 은퇴할 때까지 봉사할 수 있는 위치이다. 한국에서 두 교단이 합동할 때 이런 배려가 있을 수 있을까 생각하면서 참으로 멋있는 결정들이었다고 생각해 본다.

미국장로교회는 2017년 현재 1,912개 교회로 형성되어 있고, 미국장로교회에 속한 노회의 수는 86개 노회이며, 그 중 한인들을 위한 노회가 9개 노회이다(Korean Capital Presbytery, Korean Eastern Presbytery, Korean Central Presbytery, Korean Northeastern Presbytery, Korean Northwest Presbytery, Korean Southeastern Presbytery, Korean Southern Presbytery, Korean Southwest Presbytery, Korean Southwest Orange County Presbytery). 미국장로교회의 외지선교부(Mission to the World)가 파송한 선교사의 수는 현재 700명을 넘기고 있다. 2017년 미국장로교회의 총회장은 한국 태생으로 장로님이신 알렉산더 전(Alexander Jun) 박사가 총회를 섬기기도 했고, 현재 외지 선교부 총무는 역시 한국 태생인 로이드 김(Lloyd Kim)이다. 나는 노회와 총회에 참석하면서 신실한 많은 미국 목사님들과 장로님들을 사귀게 되었다. 이들은 나의 삶과 사역에 참으로 귀중한 동역자들이요 후원자들임을 여기서 밝혀 둔다.

워커(Walker) 박사 가정과의 교제

워커 박사(1927. 3. 12-2013. 1. 10)는 치과의사요 앨라배마주 애니스톤(Anniston)에 위치한 믿음장로교회(Faith Presbyterian Church)의 장로님이셨다. 내가 워커 박사를 알게 된 경위는 1973년 12월 4일에 브라이어우드장로교회에서 모인 미국장로교회(PCA/NPC) 창립총회 때였다. 그는 유일한 외국 국적자인 나에게 접근해 와서 친절하게 대해주었고 많은 대화를 나누었다. 그리고 그는 나를 그의 교회에 초청하여 말씀을 증거할 기회를 여러 번 주었고 또 믿음장로교회가 우리들의 후원교회가 되어 우리가 은퇴할 때까지 우리를 도왔다. 우리는 워커 박사 가정이 있는 애니스톤(Anniston)에 가서 그의 가정에서 여러 날 머물기도 하고 그가 소유한 플로리다주에 소재한 포트 왈톤 비치(Fort Walton Beach) 근처의 여름별장에 우리 식구 모두를 초청하여 휴식할 수 있도록 주선해 주기도 하였다. 한 주간의 여름별장 휴식은 특별히 우리 자녀들에게 특별한 추억을 만들게 하였다. 워커 박사는 86세를 일기로 2013년 1월에 주님의 부름을 받아 이미 하나님 품으로 가셨지만, 그의 아내인 매리배스(MaryBeth)와는 지금도 교류하고 있다. 매리배스는 버밍햄(Birmingham)시로 옮겨 2019년 현재도 다른 사람들을 도우면서 살고 있다. 내가 사귄 미국 친구들이 많이 있지만, 워커 박사 가정과는 특별한 관계를 유지해 오고 있다. 워커 박사님 내외분은 한평생 교회를 섬기고 다른 사람들을 도우면서 사신 성도의 모본이시다.

미국장로교회의 외지선교부(MTW) 파송으로
한국에 온 교육선교사

나는 박사학위를 마치고 미국장로교회 (Presbyterian Church in America)의 외지선교부(Mission to the World: MTW) 파송 교육선교사 신분으로 총신대학교 신대원 조교수로 임명받아 귀국하게 된다. 나는 미국장로교회의 외지선교부의 파송을 받는데 처음에 큰 어려움에 봉착하게 되었다. 사실 나는 선교사 신분으로 귀국할 생각을 전혀 갖고 있지 않았다. 그런데 북조지아노회 (North Georgia Presbytery)에서 사귄 목사님들이 그 당시 한국의 정치 상황이 대단히 불안한 상태이니 미국장로교회(PCA) 선교사로 파송 받아 귀국하면 도움이 될 것이라고 강력하게 권면하였다. 한국은 박정희 대통령이 장기 집권을 하고 이곳저곳에서 반정부 데모가 일어나는 상황이었다. 외신이 전하는 한국의 정치 상황은 상당히 심각한 형편이었다. 박정희 대통령이 그의 측근에 의해 1979년 10월 26일 시해당한 사건을 생각하면 그 당시의 한국 정치 상황을 짐작할 수 있다. 북조지아노회에는 벤 윌킨슨(Ben Wilkinson), 찰스 더내휴(Charles Dunahoo), 조 모어크랩트(Joe Moorecraft, III), 진 헌트(Gene Hunt), 윌슨 스미스(Wilson Smith), 모르스 업 드 그래프(Morse Up de Graff)등의 목사님들과 해롤드 블랭킨쉽(Harold Blankenship), 제임스 그래이든(James Graden), 칩 하우웰(Chip Howell), 얼 볼톤(Earl Bolton), 로이드 스트릭랜드(Lloyd Strickland)와 같은 장로님들이 내가 미국장로교회 외지선교부(MTW)의 선교사로 한국에 파송되기를 진심으로 격려하고 지원한 분들이었다. 특별히 벤 윌킨슨 목사님과 찰스 더내휴 목사님과 해롤드 블랭킨쉽 장로님은 노회에서 나의 선교사 파송을 적극적으로 지원해 주셨다. 그분들은 종족과 지역을 초월한 분들로 오직 복음이 전파되기를 소원하며 살았던 종들이었다.

그런데 문제는 그 당시 외지선교부 총무이신 잔 카일(John Kyle)이 나를 한국에 선교사로 파송하는 것을 적극적으로 반대한 것이다. 외지선교부 총무의 반대 이유는 나를 선교사로 임용하여 자신의 나라로 파송하는 것은 바르지 않다는 것이었다. 잠시 오늘의 선교 관행에 비추어 생각해 보면 내가 태어난 나라로 나를 선교사로 파송할 수 없다는 잔 카일 총무의 주장에 일리가 있는 듯 들린다. 그러나 내막으로는 다음의 이유가 작용했을 가능성도 있다. 그 당시 한국 장로교회(합동)는 주류 측(main line)과 비주류 측(non-main line)으로 나누어져 교권 다툼이 심각한 지경이었다. 나는 1977년 3월 총신대학교 신대원의 교수로 파송을 받았는데 2년 후인 1979년 9월에 대구에서 회집된 대한예수교장로회 총회(합동)가 주류 측과 비주류 측으로 나누어진 것을 보면 그 당시 합동 측의 교회 정치 상황을 짐작할 수 있다. 그 당시 미국장로교회의 외지선교부(Mission to the World) 소속 선교사로 이미 순천에서 사역하고 있는 베테랑 선교사인 휴 린톤(Hugh Linton) 선교사가 거소지의 위치 때문에 합동 측의 비주류와 함께 사역하고 있었다. 그런데 내가 파송되어 사역할 총신대학교 신학대학원은 주류 측이 장악하고 있는 형편이었다. 이와 같은 한국의 상황을 인지하고 있는 외지선교부 총무이신 카일 총무께서 혹시라도 있을 수 있는 주류와 비주류의 갈등 속에 미국장로교회가 말려들 수 있으리라는 염려 가운데 나의 한국 파송을 반대했을 수 있다고 짐작해 본다.

그러나 외지선교부 총무의 반대는 전혀 먹혀들지 않았다.

우선 미국장로교회(PCA)의 체제는 노회와 총회의 관계가 상하 관계가 아니요, 협력 관계였다. 그래서 노회에서 결정되면 총회 상비부(Permanent Committee)는 노회의 결정을 존중해야 한다. 그런데 나를 한국 선교사로 파송할 것을 추천하기 위한 북조지아노회가 서머나교회(Smyrna Church)에서 모였다. 노회가 모인 자리에서 잔 카일 총무가 나의 한국 파송을 반대하자 북조지아노회 회원들은 카일 총무에게 면박을 주면서 까지 나를 미국장로교회의 선교사로 한국에 파송해야 한다고 주장했다. 노회 회원들은 선교부 총무에게 선교사를 자신의 나라에 선교사로 파송할 수 없다는 성경적 이유를 대라고까지 말하면서 나를 지원해 주었다. 결국 미국장로교회 외지선교부(Mission to the World of Presbyterian Church in America)는 나와 가족을 면담하고 1976년 한국 파송 선교사로 허입을 허락한 것이다. 나는 약 6, 7개월 동안 여러 미국교회를 방문하면서 후원금을 모금해야 했다. 1976년의 상황은 미국과 한국의 경제 형편에 큰 차이가 있었다. 그래서 나는 한국 신학교 내에서 위화감을 조성할 수 있으니 한국의 같은 교수급 봉급과 같이 나의 사례를 책정해 달라고 외지선교부에 청원했고 허락을 받았다. 이런 상황 때문에 나는 다른 선교사와는 달리 많은 후원금을 모금할 필요가 없었다.

나는 1976년 7월 18일 태어난 첫 딸 예진(Irene Janet)이를 데리고 아내와 함께 수많은 미국교회를 방문하여 후원금을 요청하였다. 다행히 예진이가 갓 태어난 아이인데도 울지 않고 웃는 모습으로 견디어 주어 지금도 기억하고 감사하고 있다. 한번은 이런 일도 있었다. 아내와 내가 예진이와 함께 노스캐롤라이나(North Carolina)의 샬럿(Charlotte) 근교 로커스트(Locust)에 위치한 캐롤라이나장로교회(Carolina Presbyterian Church)의 선교 세미나(Missions Conference)에 약 1주일 참석하게 되었다. 물론 선교후원금을 모금하기 위해 참석한 것이다. 그런데 이 일주일 동안 두 달도 채 되지 않은 박예진이 얼마나 천사같이 협조를 잘해 주었든지 그 당시 그 교회의 담임목사이셨던 톰 칠리(Tom Cheely) 목사님이 "아이린은 죄 없는 아이이다"(Irene is a sinless child.)라고 말해서 아직도 그 말을 생생하게 기억하고 있다. 그후 톰 칠리 목사님은 앨라배마(Alabama)주 버밍햄(Birmingham)에 있는 브라이어우드장로교회(Briarwood Presbyterian Church)의 선교 목사로 평생 헌신하시다가 하나님 품으로 가셨다. 나는 많은 어려움이 있었지만 필요한 후원금을 1977년 1월까지 모금할 수 있었다. 어떤 교회는 매달 100불, 어떤 교회는 매달 50불, 또 어떤 교회는 매달 10불을 후원하는 방법으로 후원했지만 모두 기쁜 마음으로 책정해 주었다. 그래서 나는 한국으로 파송 받는데 필요한 후원금을 시간 안에 모금할 수 있었다. 여러 미국교회를 방문하면서 내가 얻은 경험은 선교를 열심히 하는 교회는 교회 경상비를 염려하지 않지만, 선교를 열심히 하지 않고 선교에 무관심한 교회는 대부분 교회의 경상비 때문에 걱정하는 것을 보았다. 하나님의 구속 계획은 그의 독생자를 통해 인간의 죄 문제를 해결하시고 독생자가 십자가의 죽음과 부활을 통해 성취하신 구속의 복음, 영생의 복음, 화목의 복음을 교회로 하여금 예루살렘으로부터 땅끝까지 전파하는 것이다(눅 24:46-48; 행 1:8). 그러므로 하나님의 명령인 선교에 열심 있는 교회의 경상비를 하나님이 책임지지 않을 리 없다.

우리 가족은 1977년 2월 20일 주일 은혜장로교회(Grace Presbyterian Church)에서 북조지아노회의 파송을 받는다. 주일 오전 예배는 내가 로마서 8:15-21과 고린도후서 5:11-6:11을 본문으로 하고 "하나님의 위대한 계획"(The Grand Plan of God)이라는 제목으로 설교했고, 오후 7:00시에 북조지아노회 주관으로 파송 예배를 드렸다. 파송 예배에는 벤 윌킨슨 목사님이 설교하셨다(Tonight at 7:00pm North Georgia Presbytery will have a commissioning service for Dr. Young Park. Rev. Ben Wilkinson will proclaim God's Word for us and several others from the various churches of our Presbytery will be present and take part in the commissioning. A reception for the Park's will immediately follow the service. 은혜장로교회 1977년 2월 20일 주보 참조). 나는 아내와 7개월 된 예진이와 함께 1977년 2월 21일 귀국길에 올랐다. 그래서 나는 1977년 3월 학기부터 미국장로교회(PCA) 선교사로서 총신대학교 신학대학원 조교수로 가르치기 시작한 것이다. 총신대학교는 나에게 사례를 주지 않기로 하고 대신 사택을 마련하기로 했다. 내 가족은 총신대학교에서 마련해 준 방배동 삼호 아파트 2동 101호에 둥지를 틀게 되었다. 내가 귀국한 후 2주쯤 지나서 총신대학교 신학대학원 개학이 3월에 있었다.

시간, 나무가 되다 : 거목이 된 한 순례자의 시간

딸의 이름 문제로 세 번 재판을 한 사건

나는 1970년 12월 결혼했으나 첫 아이는 1976년에야 가질 수 있었다. 하나님께서 약 5년을 지연시킨 것이다. 첫 아이는 딸이었으므로 나는 딸아이의 이름을 신약과 구약과 관계가 있는 이름으로 짓기로 했다. 딸아이의 이름은 아이린 제넷 박 (Irene Janet Park)이다. 아이린은 신약에서 평강이라는 단어와 관련이 있고, 제넷은 구약에서 공주와 관련이 있는 단어이다. 그러므로 첫 딸아이의 출생증명서(Birth Certificate)에 아이린 제넷 박으로 등록된 것이다. 그리고 우리는 집에서는 딸 아이의 이름을 박예(I)진(J)으로 불렀다. 첫 딸아이의 미국명은 아이린 제 넷 박(Irene Janet Park)이요, 한국명은 박예진이다. 두 이름 모두 아름다운 이름이라고 생각한다. 아이린은 1976년 12월 24일 은혜장로교회(Grace Presbyterian Church)에서 성탄 전야 예배로 모일 때 벤 윌킨슨(Ben Wilkinson) 목사님에 의해 유아세례를 받았다. 나는 우리의 모든 자녀가 유아세례는 12월 24일에 받도록 주선하겠다고 다짐하였다.

이미 언급한 것처럼 나는 1977년 3월부터 미국장로교회 외지선교부(Mission to the World)의 파송으로 총신대학교 신대원 조교수 사역을 시작한다. 나는 한국에서 가족 등록을 하기 위해 관악구청에 찾아가서 관계 직원에게 첫 딸아이를 집에서 부르는 이름과 출생증명서의 이름이 다른데 어느 이름으로 등록할까요? 라고 물었다. 관계 직원은 전혀 주저함 없이 집에서 사용하는 이름으로 등록하시지요라고 안내를 했다. 그래서 첫 딸아이의 관악구청에 등록된 이름은 박예진이다.

딸아이의 이름 때문에 나는 세 번이나 재판한다. 나는 미국교회 파송 선교사로 한국에서 사역하고 있기 때문에 미국과의 관계를 유지하기 위해 필요한 조치를 할 수밖에 없었다. 1977년 1학기 중반쯤 되었을 때 한국 법무부에서 한 서류를 만들어 미국으로 보내야 하는 일이 발생했다. 그래서 법무부 서류에 필요한 예비 서류를 만드는 과정에서 첫 딸아이의 출생증명서를 복사하고 관악구청에 등록된 서류도 만들어 법무부에 제출했다. 법무부 직원이 서류들을 점검하더니 왜 딸아이의 이름이 출생증명서의 이름과 관악구청에 등록된 이름이 다르냐고 나에게 물어서 자초지종을 설명했다. 법무부 직원은 딸아이의 이름을 개명해 오라고 하는 것이다. 내가 어떻게 그 절차를 밟느냐고 물었더니 법원에 가서 재판을 받아야 한다고 안내를 했다. 나는 법무부의 서류가 반드시 필요했기에 영등포에 있는 남부지원으로 갔다. 약간의 안내를 받아 내가 직접 딸의 이름을 개명해 달라는 청원서를 작성하여 법원에 제출했다. 결과는 "이유 없음으로 기각함"이었다. 그래서 법원의 기각결정 서류를 가지고 법무부에 가서 "법무부도 법무부요 법원도 법을 다루는 기관인데 이런 결정이 나왔으니 내가 원하는 법무부 서류를 발급해 달라"고 부탁했다. 그랬더니 법무부 직원이 "무조건 딸의 이름을 개명하지 않으면 서류를 발급할 수 없다"고 말했다. 그런데 조교수 초년생이 여러 과목을 준비하여 강의해야 하는 형편이었기에 그날 강의할 내용을 그날 새벽 4시 정도까지 준비하는 경우가 허다하였다. 그래서 딸 아이의 개명 기각에 대해 항고해야 하는 기간을 넘기고야 말았다. 그러나 법무부의 서류가 필요한 관계로 시간을 내서 다시 남부지원을 찾아가 이번에는 사법서사를 고용하여 개명신청서를 작성하였다. 판사의 판결은 이번에도 "이유 없음으로 기각함"이었다.

이번에는 항고하기로 작정하고 어디에 서류를 제출해야 하는지를 알아보았더니 현재 덕수궁 뒤쪽에 있는 가정법원이 이런 항고 서류를 받는다는 것을 알았다. 서류를 가지고 가정법원에 가서 담당 직원에게 서류를 보여 주면서 여기 판사는 "개명을 허락함" 하겠느냐고 물었더니 여기 판사도 "기각함" 할 것이라고 답을 주었다. 그래서 나는 가정법원 판사 중 크리스천 판사가 있을 것 아닌가 생각하면서 조사를 해 보았다. 마침 윤관 판사가 신앙 생활하는 것을 발견하고 윤 판사와 면담을 신청하였다. 윤관 판사에게 자초지종을 이야기했더니 윤 판사께서 지혜를 주셨다. 윤관 판사는 나에게 법무부 장관 앞으로 "내가 필요로 하는 서류를 발급받기 위하여 나의 딸의 이름을 고쳐야 합니까, 고치지 않아도 됩니까"라고 묻는 진정서를 내라고 하였다. 만약 법무부의 답이 고치지 않아도 된다고 나오면 그 서류를 가지고 법무부에 가서서 필요한 서류를 발급받으시고, 고쳐야 한다고 답이 나오면 그 서류를 지금까지 준비한 서류에 첨부하여 가정법원에 개명 신청을 하라는 것이었다. 윤관 판사의 조언대로 했더니 법무부의 답은 개명해야 한다는 것이었다. 나는 법무부가 개명해야 한다는 답을 준 그 서류를 첨부하여 가정법원에 딸아이의 개명신청을 제출하였다.

서울가정법원의 주문은 "원결정을 취소한다. 서울특별시 관악구청에 비치된 같은 구 봉천동 7번지의 102 호주 박형용(단 제적됨)의 호적 중 사건본인 박예진의 이름을 '박 아이린 제넷'으로 개명하는 것을 허가한다"로 나왔고, 주문에 대한 설명을 "항고인의 이사건 항고 이유의 요지는 사건본인은 1976. 7. 18. 미합중국 조지아주 풀톤 카운티 애틀랜타시 노스사이드 병원에서 항고인을 아버지로 하고 신청 외 강순자를 어머니로 하여 출생하여 그 이름도 박 아이린 제넷(Irene Janet Park)으로 되어있는데" … 중략 … "사건본인 역시 미국의 국적을 취득하였고 그 이름 역시 박아이린 제넷으로 출생신고가 되어 있는데 항고인은 국적법 및 호적법 등 관계 법률을 잘 모른 탓으로 대한민국에 있는 동인(同人)의 호적부에 다시 사건본인의 이름을 한국식 이름으로 하여야만 하는 줄 알고 그 이름을 박예진으로 하여 다시 출생신고를 한 사실을 각 인정할 수 있고 달리 반증 없다. 그렇다면 사건본인의 이름이 호적상 박예진으로 기재된 것은 착오에 의한 것이므로 이를 실제 이름인 박 아이린 제넷으로 정정하여야 할 것인바 이와 결론을 달리한 원심 결정은 부당하므로 이를 취소하고 항고인의 이 사건 항고는 그 이유 있음으로 이를 인용하기로 하여 주문과 같이 결정한다. 1977. 10. 18. 재판장 판사 최재형, 판사 이영규, 판사 윤관"

라고 설명되어 있다. 문제 해결을 위해 도와주신 윤관 판사님께 감사의 말씀을 드리고 싶다.

이런 과정을 정리하면 나는 딸아이의 이름을 바꾸기 위하여 세 번 재판을 한 셈이다. 인간은 오늘을 살아가는 존재인 것이 확인된 사안이었고 미래의 일을 예측할 수 없음을 깨닫는 과정이었다. 이 말이 생각난다. 어제는 역사(history)요, 내일은 신비(mystery)요, 오늘은 내일의 신비를 아름다운 역사로 만들 수 있는 선물(gift)이다. 이번 딸아이의 개명 과정을 통해 생활에 필요한 법률의 중요함을 깨달았고, 또 공무원들은 시민을 바로 안내해야 하겠다는 생각했다. 여하간 딸아이의 개명 과정은 지루한 과정이었지만 좋은 경험을 한 사건이었다.

시간, 나무가 되다 : 거목이 된 한 순례자의 시간

모든 자녀들의 유아세례 일자는 12월 24일

이미 언급한 것처럼 우리가 첫 아이를 얻었을 때 나는 우리 아이들의 유아세례 일자를 같은 날로 하는 것이 좋겠다고 생각을 하였다. 마침 첫 딸 박아린 제넷(박예진)은 7월에 출생하였기에 같은 해 12월 24일 은혜장로교회(Grace Presbyterian Church)의 성탄 전야 예배에서 벤 윌킨슨 목사에 의해 유아 세례를 받았다. 그리고 우리는 1977년부터 한국으로 돌아와서 총신대학교 신대원 교수로 생활을 시작하였다. 신앙생활은 윤남중 목사님이 담임목사로 계신 방배동의 새순교회에서 예배를 드리고 협동목사로 청년들을 지도하고 있었다. 그런데 1979년 5월에 둘째 딸 아이가 태어났다. 나는 둘째 딸 세라(Sarah)도 당연히 그해 12월 24일 유아세례를 받을 수 있으리라 생각하고 기다렸다. 나는 12월이 되어서 윤남중 목사님께 12월 24일 성탄전야 예배 때에 세라에게 유아세례를 베풀어 달라고 부탁했다. 그런데 윤 목사님께서 전례가 없어서 그렇게 할 수 없다고 거절한 것이다. 세라가 12월 24일 성탄전야 예배 때 세례 받는 일은 수포로 돌아갔다. 그 후 나는 1년 동안 윤남중 목사님께 12월 24일 성탄전야 예배 때 유아세례 베푸는 관행이 미국교회에도 있고 또 그렇게 하는 것이 대단히 좋다고 로비(lobby)를 했다. 결국 윤남중 목사님은 설득을 당해서 1980년 12월 24일 세라에게 유아세례를 베푸셨다. 일단 12월 24일에 유아세례를 베풀기 시작했기 때문에 셋째 바울(Paul)이 1981년 4월에 태어났을 때는 아무런 문제 없이 그해 12월 24일 유아세례를 받을 수 있었다. 이렇게 나는 세 아이 모두 12월 24일 성탄전야 예배에서 유아세례를 받을 수 있게 하였다.

신약과 구약에 연계된 자녀들의 이름

우리 가정은 세 자녀를 두었다. 그들의 이름은 박아이린, 박세라, 박바울이다. 대략 관찰해도 첫째 아이의 이름이 조금 특이하다. 그러나 딸의 이름 때문에 세 번 재판했다고 언급한 곳에서 이미 설명했듯이 우리 자녀들의 이름에는 하나의 원리가 있다. 아이린 제넷 박(Irene Janet Park)은 신약의 평강이라는 단어와 구약의 공주라는 단어와 관련이 있다. 첫째 아이의 이름 때문에 세 번이나 재판을 한 관계로 둘째 딸아이가 출생했을 때는 조금 더 지혜로워졌다. 첫째 아이의 이름이 서양과 동양에서 동시에 쓸 수 없는 이름이었기에 둘째 아이는 양쪽 문화에서 동시에 사용할 수 있는 이름으로 역시 신약과 구약이 연계된 이름을 짓기로 하고 둘째 아이의 이름을 세라 앤 박

(Sarah Ann Park)으로 지었다. 세라(Sarah)는 구약 아브라함의 아내의 이름이요, 앤(Ann)은 공주라는 개념과 연관이 있다. 앤(Ann)을 중간 이름으로 넣은 이유는 처음 이름이 에이치(H)로 끝나기 때문에 뒤따라오는 단어는 모음으로 시작해야 발음이 매끄럽기 때문이었다. 둘째 아이는 미국에서는 세라 박(Sarah Park)으로 사용할 수 있고, 한국에서는 박세라로 사용할 수 있게 된 것이다. 셋째 아이는 아들이었다. 셋째 아이를 위해서도 신약과 구약이 관계되고 서양과 동양에서 자연스럽게 사용할 수 있는 이름을 찾았다. 나는 셋째 아이의 이름을 바울 조셉 박(Paul Joseph Park)으로 지었다. 바울(Paul)은 신약의 사도요, 조셉(Joseph)은 구약의 족장이다. 나는 바울이가 크면 자신이 한국에서는 박바울로 사용하던지 박요셉으로 사용하던지 어느 쪽도 무방하리라 예상하고 이름을 그렇게 지은 것이다. 셋째 아이는 미국에서는 폴 박(Paul Park)으로 불리고, 한국에서는 박바울로 불리고 있다. 여하간 자녀들의 이름을 신약과 구약에 관계된 이름으로 짓겠다는 계획은 성공한 셈이다.

베티 벤닝톤(Betty Bennington)의 유산을 받은 일화

나는 가난한 농부의 가정에서 태어났기 때문에 부모님들로부터 유산을 받지 않았다. 그러나 나의 부모는 나의 교육을 위해 애지중지하고 시골에서 재산 가치 제1호라고 할 수 있는 소를 팔아 나의 교육을 위해 헌신하셨다. 내가 서울로 유학길을 떠날 때 나의 부모는 앞으로 농사짓는 데 어려움이 있을 것을 내다보면서도 자식의 교육을 위해 값진 소를 팔아 후원해 주셨다. 내가 부모로부터 특별한 유산을 받지 못했지만 나는 평생 잊을 수 없는 특별한 유산을 받은 행복한 사람이다.

이미 언급한 것처럼 나는 1965년 군 생활할 때부터 미국 버지니아(Virginia)주에 살고 있는 베티 베닝톤과 펜팔을 하고 있었다. 내가 총신대에서 그리고 합신대에서 사역하는 동안 베티와의 교제는 편지와 전화로 계속되었다. 베티가 소천하기 약 10여 년 전 1998년이나 1999년쯤 베티(Betty)로부터 한 통의 편지를 받았다. 그 편지에 베티가 나를 유산 상속자 중에 한 사람으로 올리겠다는 한 줄의 내용이 담겨 있었다. 나는 그 편지를 받고 이 전에 베티의 집을 방문했을 때 그들의 형편을 보았기 때문에 기대하지도 않았고 전혀 관심을 두지 않았다. 그런데 2009년 베티의 조카 되는 벡키 캠벨(Becky Campbell)로부터 한 통의 이메일이 왔다. 그 이메일에 베티가 나에게 유산을 남겼으니 나의 신상에 대한 약간의 정보가 있어야 변호사가 일을 처리할 수 있다고 알려왔다(You are listed in Betty Bennington's will and the attorney needs a mailing address. 2009, 10, 5 자). 나는 기대하지 않으면서도 필요한 정보를 제공했고 후에 변호사가 $5,000을 보내왔다.

내가 여기서 베티 이야기를 장구하게 말하는 것은 한 시골 아줌마의 신실함과 약속의 실천을 드러내고자 함이다. 베티는 2009년에 소천 했는데 소천하기 10여 년 전에 지나가는 말처럼 편지에 한 줄 쓴 내용을 그가 세상을 뜰 때 그대로 실천했다. 이와 같은 일은 보통 사람이 할 수 있는 일이 아니다. 이런 일은 마음이 깨끗하고 순수한 사람만이 할 수 있는 일이다. 베티는 참으로 소박한 시골 할머니였지만 신실하고 소박하고 아름다운 마음을 소유한 신실한 성도였다. 베티가 예수님을 믿지 않았더라면 이렇게 할 수 없었을 것이다. 이렇게 나는 국적을 넘어선 신실한 성도로부터 잊을 수 없는 유산을 받은 것이다.

문인현 목사의 가짜 비자로 함께 미국 여행

1981년 여름 방학 때의 일이다. 그 당시는 한국 목사님들이 미국 비자를 받는 것이 참으로 어려웠다. 그 이유는 미국에 간 한국 목사님들이 귀국하지 않고 미국에 불법으로 체류하는 예가 많았기 때문이다. 그런데 그때 15명 정도의 성결교 목사님들과 나의 절친한 친구인 문인현 목사가 미국 텍사스주 캐럴톤(Carrollton, Texas)에서 진행되는 전도폭발(Evangelism Explosion) 연수 초청을 받았다.

그런데 성결교 목사님들의 비자를 위해서 그 당시 한국 성결교에서 선교사로 사역하고 계셨던 클라우스(Clouse) 선교사께서 미국 영사를 미리 만나 성결교 목사님들의 비자 받는 일을 도와 달라고 부탁을 해 둔 터였다. 그리고 성결교 목사님들

15명의 여권과 문인현 목사의 여권을 함께 미국 영사관에 제출한 후 비자를 받는 날이 도래하여 나는 친구인 문인현 목사를 위해 그날 함께 광화문 근처에 소재한 미국 대사관 앞까지 갔다. 문인현 목사는 비자를 받기 위해 영사관으로 들어갔고 나는 내가 거주하고 있던 반포 아파트로 돌아왔다. 아파트에 도착하자 문인현 목사가 집 전화로 연락을 했다. 그 당시는 핸드폰이 아직 없을 때였다. 문인현 목사는 "박 목사, 큰일 났다"고 말하면서 "비자를 거절당했다"고 말하고 광화문으로 오라는 것이었다. 그래서 나는 "내가 가 봤자 아무런 변화를 가져올 수 없다"는 사실을 알았지만, 친구를 위로하기 위해 광화문으로 갔다. 내가 반포에서 광화문으로 가는 동안 문인현 목사는 여권을 뒤적이다가 여권에 독수리 사진이 있는 비자 도장이 찍혀 있는 것을 발견하고 주변에 있는 여행사를 돌면서 진짜 비자인지 확인을 하였다. 모든 여행사 직원들이 진짜 비자라고 확인을 해 주어서 내가 도착할 때는 문인현 목사의 영어가 부족해서 영사의 말을 알아듣지 못한 것으로 결론하고 여행 준비를 했다.

그 당시는 비자를 받아야 한국은행에서 여행 경비인 한국 돈을 달러(dollar)로 교환할 수 있었다. 문인현 목사는 한국은행에서 여행경비를 달러로 교환하였고, 출발 일이 되어 나와 함

께 여행을 시작하였다. 김포 공항의 출국 심사를 마치고 미국
행 비행기에 올라 드디어 미국 여행을 시작한 것이다. 우리는
미국 워싱턴주에 소재한 시애틀 터코마(Seattle Tacoma) 비행장
에 내렸다. 나는 입국 수속을 빨리 마치고 아래층에 있는 짐을
찾으려 내려가고 있는데 윗층에 있는 문인현 목사가 "박 목사,
박 목사, 빨리 올라 와 봐"라고 소리를 쳤다. 나는 문인현 목사
가 혹시 영어가 통하지 않아 나를 부르는 것 아닌가 싶어 다시
이 층으로 올라갔다. 이 층에는 문인현 목사의 입국 수속을 처
리하는 직원이 있었는데 그 여자분이 "어떻게 여기까지 왔느
냐"고 의아해했다. 그래서 나는 그분에게 "무슨 말씀이냐? 여
권에 비자가 찍혀 있지 않냐"고 반문을 했다. 그러자 그 여자
분이 "당신들은 모르지만 내가 보니 당신들은 가짜 비자로 여
기까지 왔다"라고 말을 했다. 대단히 난감한 상황에서 나는 우
리가 목사임을 밝히고 도움을 요청하려고, "당신 예수님을 믿
는가?"라고 질문을 했다. 그분의 대답은 우리를 더욱 당황하
게 했다. 그분은 "몰몬교도"라고 대답을 한 것이다. 그래서 나
는 정색을 하고 "미국이 좋은 것이 무엇입니까? 이렇게 우리
가 미국 단체의 초청을 받아 여기까지 왔는데 그냥 돌아갈 수
도 없지 않은가? 무슨 좋은 방법이 있을 것 아닌가?"라고 말했
다. 그러자 그 여자 직원이 한참 생각하더니 문인현 목사의 미

시간, 나무가 되다 : 거목이 된 한 순례자의 시간

국 내 스케줄을 보자고 하여 문 목사가 일정을 보여주니 "5불만 내라"고 했다. 내가 "5불은 무슨 뜻이냐"고 묻자, 그분이 가짜 비자로 입국한 벌금(penalty)이라고 하여 5불을 주고 입국 허락을 받았다.

미국의 일정을 다 마치고 다시 한국에 돌아왔을 때 문인현 목사와 나는 다시 미국영사관을 찾았다. 그 이유는 미국영사관에 있는 문인현 목사의 기록이 비자를 거절당한 사람으로 처리되어 있을 것이기 때문이었다. 문인현 목사가 영사관 직원에게 여권을 내밀면서 이 비자로 미국 여행하고 돌아왔으니 진짜 비자를 주시라고 요청했다. 영사관 직원이 여권의 기록을 점검하더니 "깜짝 놀라면서, 어떻게 이 비자로 미국 여행을 할 수 있었느냐?"고 반문을 하였다. 그래서 문인현 목사가 "여권의 기록을 보시면 한국을 출국했고, 미국에 입국했고, 미국을 출국했고 그리고 한국에 입국하지 않았느냐"고 하자, 그 직원이 5년 복수 여권을 발행하여 주었다.

가짜 비자로 미국 여행을 할 수 있게 된 것은 이렇다. 문인현 목사가 성결교 목사님들과 함께 "전도 폭발" 연수 초청을 받고, 모든 목사의 여권을 모아 한 뭉치로 영사관에 제출하였다. 그리고 영사관 직원이 이미 영사가 부탁받은 성결교 목사님들의 여권에 비자 도장을 찍으면서 문인현 목사의 여권에

도 비자 도장을 찍었다. 그리고 비자 받는 날 영사가 클라우스 선교사의 부탁대로 성결교 목사님들에게는 비자 도장이 찍힌 곳에 자신의 서명을 하여 비자를 내어 주고, 문인현 목사에게는 여권만 내어 주면서 "You are rejected."라고 말한 것이다. 그런데 문인현 목사의 여권에 영사관 직원이 미리 찍은 비자 도장을 두 줄로 그어 효과 없음을 밝히는 표시가 없고 비자 도장이 그대로 있었던 것이다. 문인현 목사나, 나 자신이나, 여행사 직원들이나, 한국은행 직원이나, 한국 김포공항 출국 심사원이나 모두 영사의 서명이 없는 비자 도장을 진짜로 알고 담대하게 미국 여행을 시작했고, 그 결과 가짜 비자로 미국 여행을 할 수 있었다. 돌이켜 생각하면 웃음이 터지는 일이지만 하나님의 섭리적 간섭이 있지 않았나 생각한다.

시간, 나무가 되다 : 거목이 된 한 순례자의 시간

활주로로 가고 있는(taxiing) 비행기를 세운 경험

문인현 목사와 나는 비행기로 산호세(San Jose)에서 로스앤젤레스(Los Angeles)로 가게 되어 있었다. 우리는 비행기 일정이 점심 시간과 인접되어 있어 비행장으로 가기를 원했지만, 산호세에 살고 있는 친구 진태봉 집사님(후일에 목사가 됨)이 점심을 같이 먹은 후 비행장에 데려다주겠다고 강청을 하였다. 진 집사님은 "내가 여기 살고 있는데 비행장까지의 시간을 모르겠느냐?"라고 하시면서 점심을 권했다. 그래서 문인현 목사와 나는 진태봉 집사님의 안내로 점심을 같이 먹고 진 집사님의 자동차로 비행장으로 향했다. 그런데 우리가 비행장에 도착하니 비행기는 이미 문을 모두 닫고 활주로로 택싱(Taxiing)을 시작하고 있었다. 그래서 당황한 나머지 내가 카운터에 서 있는 비행기 관계 직원에게 편안한 마음으로 "저 비행기 세우시오, 우리가 타고 가야 할 비행기요"라고 말하자, 어찌된 일인지, 그 직원이 전화기를 들고 택싱하고 있는 비행기 기장에게 전화를 걸어 비행기를 세우고, 우리가 탈 수 있도록 주선을 해주었다. 비록 9.11 사고 이전이기는 하지만 이런 일은 있을 수 없는 일인데 그날 문인현 목사와 나는 발생할 수 없는 일을 경험하면서 로스앤젤레스로 갈 수 있었다.

시간, 나무가 되다 : 거목이 된 한 순례자의 시간

자녀들의 통학 버스 노선을 바꾼 경험

나는 처음 한국에 총신대학교 신학대학원 교수로 파송 받아 가르치기 시작할 때는 방배동 삼호아파트에 살고 있었다. 그런데 대한예수교장로회 총회의 혼란과 총신대학교에서 정직하게 교수할 수 없는 상황이 전개되자 네 교수가 사표를 냈다. 나도 사표를 낸 그 네 교수 중의 한 사람이었다. 그런데 그 당시 총신대학교 신학대학원 학생의 숫자가 대략 600여 명이었는데 그의 절반 이상이 총신을 떠나게 되어 결국 합동신학교가 1980년 11월 11일 설립되게 되었다. 이런 변화로 나는 총신대학교 신학대학원의 사택인 삼호아파트를 떠나야만 했다. 그래서 할 수 없이 내가 가지고 있는 약간의 돈과 친구와 학교로부터 조금씩 돈을 빌려 반포동에 있는 반포아파트를 사서 이사를 했고 거기에 둥지를 틀었다. 반포 아파트에 사는 동안 세 자녀를 두게 되었다. 반포 아파트는 22평형으로 방이 세 개 지만 크기는 대단히 작은 아파트였다. 지금 회고해 보면 삶은 적응하면서 살아가는 구나라는 생각이 든다. 작은 방 하나는 두 딸의 방이요, 또 더 작은 방은 아들이 사용했다. 그리고 우리 부부는 그중에 제일 큰 방을 썼는데 그 방은 나의 서재이고 침실이었다. 방이 좁아 침대는 매트리스만 놓고 잠자리를 해결하고 책상을 한쪽 구석에 놓고 책은 방 삼면 벽에 빙 둘러 위치시켰다. 그래서 내가 연구할 때는 책상에 앉아 연구 대상이 되는 책들을 침대 위에 모두 펴놓고 연구할 수 있는 편리함도 경험했다. 하지만 그런 상황은 한계가 있었다. 자녀들이 고등학교, 중학교에 진학하자 작은 방으로는 도저히 그들의 필요를 채울 수 없게 된 것이다.

하지만 반포 아파트에 살 때는 자녀들의 등하교 문제는 걱정할 것이 없었다. 왜냐하면 학교의 통학차가 반포 아파트 옆까지 와서 아이들을 픽업(pick up)했기 때문이다. 그때 자녀들은 연희동 소재 서울 외국인학교(Seoul Foreign School)에 적을 두고 공부하고 있었다. 자녀들을 서울 외국인학교에 보낼 때 경제적으로는 너무 힘들었다. 그러나 나의 형편상 그럴 수밖에 없는 두 가지 이유가 있었다. 첫 번째 이유는 내가 자녀들에게는 한국어와 영어, 두 개의 언어를 자유자재로 구사할 수 있는 능력을 키워주고 싶은 것이다. 어쩌면 내가 마음속에 느끼고 있는 영어에 대한 한을 자녀를 통해 보상받기를 원하는 마음도 작용했다. 나는 타인들로부터 영어를 비교적 잘한다고 칭찬을 받지만 나 자신은 영어가 참으로 어려운 언어라는 것을 항상 느끼고 있다. 어떤 경우는 영어의 어떤 전치사를 사용하는 것이 바른지 고민될 때가 한두 번이 아니다. 그래서 자녀들만은 한국어는 물론 영어도 자유자재로 구사할 수 있는 능력을 갖추도록 키우기를 원했다. 두 번째 문제는 내가 미국장로교회(PCA) 외지선교부(MTW)의 파송을 받은 선교사라는 이유이다. 선교사는 4년에 1년이나 5년에 1년씩 안식년을 가져야 한다. 그 이유는 후원했던 교회가 계속 후원할 수 없는 상황이 벌어지고, 한국 신학대학원의 경우 매년 사례비가 인상되는데 선교사의 경우는 그 변화를 미국의 후원교회를 통해 해결해야 하기 때문이다. 후원금을 보충하기 위해 어린 자녀들을 데리고 미국에 갔는데 자녀들이 한국말만 할 수 있고 영어를 모르면 자녀들은 1년 동안 교육을 받지 못하고 가정에서 지내야하는 상황이 벌어지게 된다. 그래서 이런 상황을 예상하고 나는 경제적으로 어렵지만 자녀들의 교육을 위해 자녀들을 서울 외국인학교(SFS)에 보내게 된 것이다.

그런데 반포 아파트에 살 때는 자녀들의 등하교 문제가 학교의 통학버스로 잘 해결되었다. 왜냐하면, 서울외국인학교의 통학버스가 반포 아파트 바로 옆길까지 와서 자녀들을 데리고 가고 또 데려다주었기 때문이다. 그런데 반포 아파트가 너무 협소하여 좀 더 넓은 봉천동의 현대 아파트로 1993년 이사를 하게 되었다. 봉천동으로 이사할 당시 큰 아이는 고1이요, 둘째와 셋째는 중학생들이었다. 당장 문제가 된 것이 자녀들의 등하교였다.

나는 이 문제를 해결하기 위해 학교 통학버스의 루트(route)를 바꾸도록 학교에 청원해야 하겠다고 마음먹었다. 그래서 이른 아침 학교의 통학버스가 연희동 학교를 떠날 때쯤 학교에 도착하여 반포 아파트 행 버스 뒤를 따르면서 중요한 길목을 지날 때의 시간을 체크하여 기록하였다. 나는 이런 일을 3일 동안 계속 확인하였다. 그리고 통학버스가 반포 아파트로 가서 학생을 픽업하고 다시 학교로 돌아가는 길목까지의 루트와 통학버스가 봉천동으로 가서 우리 자녀들을 픽업하고 다시 학교로 돌아가는 길목까지의 루트를 비교하여 길목 길목마다 정확하게 시간을 기록하였다. 그리고 그 자료를 가지고 학교의 통학버스 책임자를 만나서 우리가 봉천동으로 이사를 했다는 사실과 통학버스가 봉천동을 들러 우리 자녀들을 픽업하여 학교로 귀환하는 루트와 이미 해왔던 것처럼 반포 아파트에서 우리 자녀들을 픽업하여 귀환하는 경우가 전혀 시간상으로 차이가 없고 문제 될 것이 없다고 자료를 보여주면서 통학버스 루트를 봉천동으로 바꾸어 줄 것을 청원하였다.

그런데 하나님의 은혜로 그리고 나의 정성 때문인지 통학버스 책임자가 나의 청원을 들어 주어 우리 자녀들이 아무런 불편 없이 등하교를 할 수 있었다. 후에 우리 자녀들이 더는 학교 통학버스가 필요 없어서 통학버스를 사용하지 않게 되자 학교 통학버스의 루트는 원상대로 다시 반포 아파트 쪽으로 방향을 바꾸게 되었다. 지금 생각하면 대담한 요청을 한 것이라고 생각하면서도 학교가 미국인들이 운영하는 학교이기에 이 일이 성취된 것 아니냐는 생각을 해 본다. 항상 상대방의 입장에서 문제를 풀어나가면 결국 즐거운 결말이 기다리는 법이다.

예원교회를 섬길 때 기억에 남는 일

　나는 신학대학원 교수로 한평생을 살았다. 그래서 나의 목회 경험은 대단히 일천하다. 내가 애틀랜타 근교 스톤마운틴(Stone Mountain) 근처에 위치한 미국인 교회인 은혜장로교회(Grace Presbyterian Church)에서 부목사(Associate Pastor)로 약 1년 반 (1973. 9-1975. 2) 동안 파트타임으로 봉사한 것이 공식적인 목회 경험이라고 할 수 있다. 은혜장로교회는 미국장로교회(PCA) 소속 교회이다. 그런데 그 당시 은혜장로교회에는 담임 목사님이 계시지 않았기 때문에 내가 주로 주일 설교를 감당했다. 이렇게 나는 미국에서 목회경험답지 않은 목회를 은혜장로교회에서 체험했다.

　나는 한국에서 예원교회를 약 3년 조금 넘게 목회한 적이 있다. 나는 예원교회의 담임목사로 1992년 1월부터 1995년 3월까지 교회를 섬겼다. 그 당시 나는 합동신학대학원대학교 교무처장으로 봉직하고 있을 때였다. 예원교회의 목회를 시작하게 된 경위는 특이하다. 대한예수교장로회(통합) 소속 자유의 교회에서 장로님, 안수집사님, 권사님, 집사님을 위시하여 대략 80여 명의 성도들이 목사님과의 불편한 관계 때문에 그 교회를 떠나 송파 근처(위례지구)의 국군체육부대 내의 여호수아교회를 군 선교 차원에서 섬기면서 약 일 년을 보냈다. 일 년이 지난 다음 성도들은 흩어질 것인지 개척교회를 할 것인지 의논을 한 다음 개척교회를 하기로 뜻을 모으고 송파구 문정동에 한 장소를 빌리고 인테리어를 마친 후 알음알음으로 목사님을 모셔서 주일 설교를 부탁드렸다. 그런데 그 일이 한 번도 아니고 계속되다 보니 어려움을 느끼게 되었다. 예원교회를 주도적으로 인도한 강병선 장로님이 계셨는데 종로 5가에서 정치과병원을 하고 있는 정재영 장로와 가까운 사이였다. 정재영 장로는 총회신학교에서 내가 3년 동안 가르친 제자로 우리는 서로를 잘 아는 관계였다. 그런데 어느 날 강병선 장로님이 기독실업인회(Christian Business Men's Club) 모임에서 정재영 장로에게 매 주일 목사님을 모셔서 설교 듣는 일이 대단히 어렵다고 푸념 식으로 이야기 한 것이다. 이 말을 듣고 정재영 장로가 "당신네 교회 같은 교회는 박형용 박사의 지도를 받아야 한다"라고 말한 것이다. 정재영 장로의 말을 들은 강병선 장로가 나에게 한번 만나자는 연락이 왔다. 그래서 내가 강 장로님을 만나 교회의 형편을 들어 보니 정말 지도가 필요한 교회라는 것을 알았다. 그래서 나는 갑자기 예원교회의 담임 목사가 되어 목회를 시작하게 되었다. 그러므로 나의 목회 경험은 미국교회인 은혜장로교회에서 1년 반과 한국의 예원교회에서 3년이 모두인 셈이다.

나는 예원교회에서 말씀 중심의 목회를 해야 하겠다고 다짐하고 구약과 신약의 흐름을 계속되는 설교로 소개했다. 처음은 히브리서 11장을 사용하여 구약의 흐름을 소개하고 신약은 복음서, 사도행전 그리고 서신서를 사용하여 성경 전체의 구속역사 흐름을 설교했다. 예원교회의 목회를 하면서 설교 준비 때문에 오는 스트레스를 느꼈기 때문에 나는 나를 포함한 모든 목사님들에게 도움이 될까 하여 그 때 『사복음서 주해』를 펴내기도 했다. 『사복음서 주해』는 예수님의 선재에서부터 승귀까지의 역사적 진전을 축으로 잡고 사복음서에서 필요한 구절들을 끌어다가 주해를 한 책이다. 나는 이 노력의 결과로 150편의 설교 자료를 확보하였고 설교에 많은 도움을 받았다.

예원교회 목회를 할 때 한 번은 이런 일이 있었다. 나는 교수 사역을 하면서 목회를 했기 때문에 전 교인 심방을 방학 동안에 할 수밖에 없었다. 나는 한국 교회의 심방 문화가 주는 병폐를 고치기 위해 전교인 심방 계획을 발표하면서 다음과 같이 해 줄 것을 강조하여 부탁하였다. 모든 가정은 심방 대원이 집을 방문하면 예배를 드리고 간식으로 섬길 때 다른 것(커피 포함) 다 생략하고 야쿠르트(당시 90원) 하나씩만 대접하라고 신신당부했다. 그리고 점심 식사를 맡은 가정은 밥과 국 그리고 김치만 준비하면 되고, 혹시 너무 소홀하다고 느껴지면 딱 한 가지 반찬만 더하라고 부탁했다. 그런데 이런 간절한 목사의 부탁을 한 가정만 유일하게 그대로 지키고 모두 더 많은 것으로 봉사했다. 목사의 부탁을 지킨 가정은 이형래 집사와 박영미 집사 부부였다. 이 집사의 가정은 심방 대원들에게 야쿠르트 하나씩만 대접했다. 이형래 집사와 박영미 사모님께 감사하는 마음이 있었다. 그리고 한국인의 대접 문화는 어쩔 수 없나 보다 생각했다.

예원교회를 사임할 때 있었던 일을 소개하기 원한다. 풀타임 교수 생활하면서 예원교회 목회를 하다 보니 마음에 걸리는 것이 있었다. 그것은 가르치는 것도 느슨해지고 목회도 완벽하지 못했다. 특히 그리스도의 교회를 파트타임으로 목회를 한다는 것이 주님께 죄송스러운 생각이 들었다. 예원교회는 처음에 독립교회로 시작했지만 3년이 지나오면서 대한예수교장로회(합신) 소속 동서울노회에 가입하게 되었고, 처음에는 감정 중심의 신앙생활에 익숙해 있었는데 3년의 과정을 지나오는 동안 이제 말씀 중심의 신앙생활을 하는 교회로 탈바꿈하게 되었다. 그래서 나는 목회를 정리할 때가 되었다고 생각하고 후임을 정한 후에 예원교회의 담임목사직을 사임하겠다고 공표하였다. 1974년 후반부터 후임 목회자로 가능성이 있는 목사를 모시고 설교를 들은 후 공동의회를 소집하여 투표하면 2/3 가결 선을 넘지 못하곤 했다. 이런 방법으로 7명의 목사를 모시고 후임을 정하려 했지만 실패하였다. 나는 나름대로 예원교회에 가장 적합한 실력 있고 헌신된 목사를 초청하곤 했지만 실패하였다. 그래서 나는 왜 2/3선의 투표가 나오지 않는지 그 이유를 분석하기 시작하였다. 그 이유는 교인 중 일부는 부표를 던지면 내가 목회를 계속하리라는 생각을 한 성도들이 있었고, 다른 일부는 그 당시 전도사였던 김병훈 전도사가 후임이 되었으면 좋겠는데 다른 사람을 청빙하는 투표이기에 역시 부표를 던지는 성도가 있었기 때문이었다. 그런데 김병훈 전도사의 경우는 내가 김병훈 전도사(현 합동신학대학원대학교 교수)에게 신학대학원 졸업하고 미국 유학을 마

친 후 다른 차원에서 한국 교회를 섬기라고 조언을 했고 본인
도 그렇게 하겠다고 약속한 상황이었다.

그래서 나는 1974년 12월 31일 저녁 송구영신 예배를 드리
고 1975년부터는 예원교회 목회를 하지 않겠다고 선언하고 다
만 당회장 직책은 그대로 유지할 것임을 공표하였다. 당회장
직을 유지하는 이유는 후임을 모실 때 공동의회를 주재(主宰)
해야 하는데 예원교회를 모르는 노회 파송 다른 목사가 공동
의회를 인도하는 것은 바람직하지 않다고 생각했기 때문이
다. 그리고 나는 거의 두 달 정도 예원교회와의 관계를 갖지 않
았다. 이런 방법을 쓴 이유는 어떤 경우든지 나는 더 이상 예원
교회 목회를 하지 않을 것을 확실시하기 위해서였다. 그리고
1975년 2월 말경 교회에 연락하여 그동안 예원교회에 와서 설
교하고 투표를 받은 7명의 목사 중 3명만 선택하라고 통보하
였다. 그런데 예원교회 성도들은 5명을 선택하였고, 5명 중 한
명은 이미 유학을 떠나 미시간주에 소재한 칼빈신학교(Calvin
Theological Seminary)에서 공부하고 있는 김병훈 전도사도 포함되
어 있었다. 그래서 나는 5명의 후보자에게 일일이 전화를 하여
예원교회에서 청빙하면 올 수 있는 상황인지를 확인하였다.
결국, 5명의 후보자 중에 3명만 올 수 있다는 답을 하였다. 물론
미국에 있는 김병훈 전도사는 올 수 없다는 답을 했다.

후임 목사 청빙을 위한 공동의회의 날짜가 잡혔다. 나는 공동의회를 소집하고 회의를 시작할 때 오늘 공동의회에서 4번 투표할 것이라고 선언하였다. 처음 3번은 공동의회에 참석한 전체 성도가 3명의 목사를 한 사람씩 투표하는 것이며, 마지막 4번째 투표는 3명의 목사 중 가장 많은 표를 얻은 목사를 예원교회 담임목사로 투표하는 것이라고 설명했다. 그리고 4번째 투표는 반드시 2/3의 투표를 얻어야 예원교회 후임 목사로 모실 수 있다고 설명했다. 그리고 투표가 시작되었고, 세 목사 중 김석만 목사가 가장 많은 표를 얻었다. 네 번째 투표에는 김석만 목사를 후임 담임목사로 모시기 위한 것임을 알리고 투표를 했다. 결국 김석만 목사가 2/3 이상의 투표를 받아 예원교회 제2대 담임목사로 청빙되었고 2019년 현재까지 교회를 잘 섬기고 있다.

시간, 나무가 되다 : 거목이 된 한 순례자의 시간

표준새번역 성경 번역 참여

한국 교회는 대한성서공회가 발행한 성경 한글 개역판을 사용하고 있는 실정이었다. 한글 개역판이 번역된 지 거의 50년이 넘어가고 있었다. 문제는 대한성서공회가 한글 개역판의 판권을 가지고 있어서 다른 기독교 출판사들이 성경을 이용하여 주해서와 같은 책을 만들면 그 출판사가 성서공회에 로열티를 지불하고 있었다. 그런데 얼마 있으면 한글 개역판이 너무 오래되었기 때문에 성서공회가 그 판권의 권리를 잃게 되는 상황이었다. 그래서 성서공회는 그 대비책으로 표준새번역을 원어에서 번역하기 위해 계획을 세우고 신구약 번역진을 구성하였다. 구약에는 여러 교수가 참여하였는데 그중에 윤영탁 교수가 한 멤버였다. 그리고 신약의 번역진은 연세대학교 서중석 교수, 한신대학교 김창락 교수, 합동신학대학원대학교 박형용 교수로 구성되었다. 표준새번역 번역진들은 홍콩에 가서 번역 세미나도 하고 열심을 다 해서 번역을 하였다. 홍콩에서 하는 번역 세미나에 참석하기 위해 윤영탁 교수와 나는 가는 길에 대만을 경유하게 되었다. 지금은 중국이 만다린(Mandarin 북경어)으로 언어를 통일 하였지만 그 당시만 해도 중국은 만다린(Mandarin 북경어)과 캔토니스(Cantonese 광둥어) 두 언어가 통용되던 시기였다. 대만은 만다린 언어를 사용하고 홍콩은 캔토니스 언어를 사용하는 지역이었다. 그런데 윤영탁 교수는 어린 시절 중국에서 교육을 받았는데 만다린을 사용하는 지역에서 교육을 받았다. 그래서 윤영탁 교수는 만다린을 어느 정도 통용할 수 있었지만 나는 중국어를 전혀 알지 못했다. 대만에서 식사할 때나 사적인 모임에서 윤영탁 교수는 흥미 삼아 우리 둘 중 누가 중국 사람이고 누가 한국 사람 같으냐고 만다린으로 물으면 중국인은 내가 중국 사람 같고 윤교수가 한국 사람 같다는 답을 하곤 해서 서로 웃기도 많이 웃었다. 그리고 우리는 대만을 떠나 홍콩으로 갔다. 웬일인가! 같은 중국인데 윤영탁 교수의 입이 지퍼를 한 것처럼 꽉 닫히게 되었다. 왜냐하면 윤영탁 교수는 캔토니스를 전혀 알아들을 수 없었기 때문이다. 이번 여행을 통해 언어가 인간의 삶에 얼마나 중요한 역할을 하는지 다시 한번 깨닫게 되었다. 하나님이 왜 그에게 반항하는 백성들의 언어를 혼잡하게 하셨는지 다시 한번 음미해 본다(창 11:1-9). 이런 의미에서도 성경은 각 나라의 말로 번역되어야 한다.

성경의 번역은 많은 과정을 통해 이루어진다. 우선 번역자가 원어에서 번역하면 그 원고를 한국어 전공인 스타일리스트가 한글 문법에 맞추어 고친다. 그리고 고쳐진 원고가 다시 번역자에게 오면 번역자가 검독하고 번역자와 스타일리스트와 다른 직원들이 함께 수정 작업을 한다. 이를 몇 차례 반복한 후 최종 번역이 결정된다. 그리고 그 최종 번역을 약식 책으로 만들어 교계의 많은 목사님에게 보내 내용을 점검해 달라고 부탁한다. 그런데 흥미 있는 결과는 소위 자유주의 진영의 목사님들은 번역이 좋다든지 좋지 않다든지 반응을 보인다. 반면 보수주의 진영의 목사님들은 별로 반응을 하지 않는다. 그리고 정식으로 번역본이 인쇄되어 나오면 그때 보수주의 진영의 사람들은 반응을 보이기 시작한다. 표준새번역의 경우도 비슷한 과정을 겪었다. 표준새번역 성경이 1993년 1월 20일 마침 나의 생일날에 초판 1쇄가 인쇄되었다.

그런데 표준새번역에 대한 교계의 반응이 보수주의 진영에서 좋지 않게 나왔다. 그 이유는 특히 구약의 아가서의 번역이 강단에서 언급하기에 민망한 표현들이 들어있다는 것이었다. 한국성서공회는 보수주의 교단들의 호응을 얻지 못한 표준새번역을 다시 개정하기 위해 개정위원들을 구성하여 표준새번역개정판을 출간하기에 이른다. 그러나 한국의 정서가 한 번 미운 오리는 영원히 미운 것처럼 표준새번역을 받지 못한 보수진영의 교회들은 표준새번역개정판을 받을 리 없었다. 그래서 표준새번역과 표준새번역개정판은 일부의 교단에서만 사용하는 형국이 되었다. 그래서 한국성서공회는 성경의 출판권을 유지하기 위해 급하게 한글개역개정판을 만들게 되었다. 한글개역개정판은 원래의 개역판의 오래된 용어나 어려운 표현을 고치는 정도로 만든 것이다.

성경은 계속 번역되어야 한다. 왜냐하면, 언어가 계속 변하고 있기 때문이다. 어떤 언어이든 영구한 언어는 존재하지 않는다. 어떤 단어는 없어지고, 어떤 단어는 새로 만들어지고 또 어떤 단어는 시간이 흐름으로 뜻이 변하기도 한다. 그러므로 성경은 당시 사용하는 언어로 대략 20-30년 사이에 한 번씩 번역되어야 한다고 사료된다. 그런데 한국의 많은 성도가 한글 개역판을 마치 영감에 의한 번역인 것처럼 오해하기도 하고, 또 어떤 그룹의 리더들은 킹 제임스(흠정역) 번역만이 우리가 받을 수 있는 번역인 것처럼 가르치기도 한다. 그러나 번역

시간, 나무가 되다 : 거목이 된 한 순례자의 시간

은 영감에 의했다고 말할 수 없으며 영감은 오로지 성경 원본에 해당함을 알아야 한다. 하지만 성경의 번역본을 통해서도 하나님이 누구이시며, 하나님이 어떤 일을 하셨고, 어떤 일을 하고 계시며, 또 어떤 일을 하실지를 충분히 알 수 있다. 그리고 성경 번역본을 통해서도 우리는 죄인이 어떻게 의롭게 되어 하나님의 백성이 될 수 있는지를 확실하게 알 수 있다. 그러므로 성도들은 성경 원어를 모른다고 너무 걱정할 필요가 없다.

새한교회의 전신인 밀알교회와 한마음교회

미국 애틀랜타에 새한교회(송상철 목사)라는 교회가 있다. 새한교회가 존재하게 된 배경에는 특이한 역사가 있다. 나는 새한교회의 전신인 밀알교회와 한마음교회의 장로님들과 성도들의 헌신적 결단을 기억하고 감사하기 위해 여기서 제목을 "새한교회의 전신인 밀알교회와 한마음교회"로 잡았다.

나는 1995년 여름부터 1996년 여름까지 안식년을 갖게 되었다. 사실상 나의 안식년은 미국장로교회(PCA)의 외지선교부(Mission to the World)의 지도하에 미국 내에서의 사역(Home Ministry Assignment)을 하는 기간이다. 그런데 내가 안식년을 미국의 애틀랜타(Atlanta)에서 보내게 될 것이라는 사실이 알려지자 합동신학대학원에서 사역하고 있는 정명신 전도사가 나를 찾아와

시간, 나무가 되다 : 거목이 된 한 순례자의 시간

자신의 동생인 정명식 목사가 애틀랜타에서 목회하고 있는데 동생에게 연락하여 꼭 교수님을 공항에서 픽업(pick up)하도록 했으면 좋겠다고 말하는 것이 아닌가! 나는 감사하다고 말하고 그렇게 하자고 동의하였다.

우리 가족은 1995년 7월 13일(목) 델타 178Q 편으로 오후 5:46분 경에 애틀랜타에 도착하였다. 마침 약속대로 정명식 목사님이 우리를 공항에서 픽업하여 우리가 살 아파트로 데려다 주었다. 공항에서 오는 길에 정명식 목사님이 자신이 목회하고 있는 온누리교회(Onnuerie Church)에서 오는 주일 설교를 해 주십사고 부탁을 하여 그렇게 하자고 허락을 하였다. 그런데 바로 다음 날인 7월 14일에 내가 애틀랜타에 온 사실을 어떻게 알았는지 밀알교회를 섬기는 이형로 목사가 나에게 전화를 하였다. 이형로 목사는 오는 주일 밀알교회에서 설교를 해 달라는 것이었다. 나는 7월 16일 주일은 이미 온누리교회에서 설교하기로 정해졌기 때문에 불가능하고 짐 좀 풀고 다음, 다음 주일 7월 30일에 가능하다고 했더니 이형로 목사가 좋다고 하여 그렇게 설교 일정이 잡혔다. 나는 아직 애틀랜타 교회에 대한 소식을 알지 못하고 있는 상태였다. 나는 7월 30일 주일에 밀알교회에서 누가복음 19:1-10을 본문으로 "삭개오의 감사"에 대해 설교했다. 그런데 바로 다음 날인 7월 31일(월)에 이형로 목사가 다시 전화하여 아주 희한한 제안을 한 것이다. 그 제안은 나에게 밀알교회를 맡아 담임목사가 되어 달라는 것이다.

나는 그 제안을 듣고 아주 단호하게 말하기를 나는 교회를 목회하기 위해 여기 온 것이 아니요 피씨에이 선교부의 지도로 여러 미국 교회를 방문하고 후원을 요청하기 위해 왔고 이미 금년 12월까지 한 달에 두 주일은 다른 도시를 방문하도록 일정이 잡혔다고 말했다. 그런데 이형로 목사는 아주 다급한 심정으로 부탁하였다. 그래서 나는 한 가지 제안을 했다. 우선 이형로 목사는 교회 장로님들에게 나의 형편을 이야기하고 그래도 내가 밀알교회를 맡는 것이 좋은지 알아보고, 나는 선교부의 책임자들과 의논하여 미국에 있는 동안 교회를 맡아도 좋은지 알아본 후, 양쪽 모두 긍정적으로 답이 나오면 내가 밀알교회를 맡는 것으로 하자고 했다. 결과는 양쪽 모두 오케이 답이었다. 그래서 내가 밀알교회를 맡아 담임목사로 섬기기로 확정되고 이형로 목사는 그 확정이 있었던 바로 다음 날 필라델피아로 떠나버렸다. 나중에 확인한 사실이지만 이형로 목사는 소그룹 목회를 하기 원했는데 장로님들이 반대하여 많은 갈등이 있었음을 알았다.

바로 이 대목에서 기억할 것은 이형로 목사가 나를 잘 안다

고 말한 것이다. 내가 필라델피아의 웨스트민스터신학대학원
에서 공부하고 있을 때 이형로 목사(그 당시는 선생) 가정이 필
라델피아에 이민을 온 것이다. 이형로 목사의 말은 그때 유학
생으로 어려운 형편에 있는 우리 가정이 새로 이민 온 자신의
가정을 초대하여 주셔서 많은 위로와 격려를 받았다는 것이
다. 나는 벌써 25년의 세월이 지나서인지 전혀 기억이 나지 않
은 사실이다.

　이렇게 나는 갑자기 밀알교회의 담임목사가 되었다. 다른
곳에서 언급한 것처럼 나는 목회 경험은 일천한 목사인데 하
나님께서 또 잠시나마 교회를 섬기라고 기회를 주신 것이다.
나는 우선 선교부(MTW)의 일정으로 애틀랜타를 떠날 수밖에
없을 때는 그 당시 애틀랜타에 거주하고 계셨던 인도아 목사
와 같은 목사님들에게 주일 설교를 부탁하고 내가 섬길 수 있
을 때는 내가 설교를 하였다. 그런데 나의 상황은 일 년 후면 한
국으로 돌아가야 하는 형편이었다. 나는 밀알교회에 유익이
되도록 교회를 안정시키면서 후임을 구해야 하겠다고 다짐하
였다. 애틀랜타에서 몇 주 지나는 동안 나는 한마음교회에 대
해 들었고, 그 교회의 장로님이 내가 알고 지낸 임균영 장로님
이라는 사실을 알게 되었다. 임균영 장로님을 통해 한마음교
회의 형편을 알아보니 한마음교회는 현재 목사가 없어서 에

모리대학교에서 박사학위를 하고 있는 성결교 목사를 주일마다 초청하여 설교를 듣고 있는 형편이라는 것이다. 그 이야기를 듣고 나의 마음에 좋은 생각이 떠올랐다. 그것은 밀알교회와 한마음교회가 합동을 하는 것이다. 이민 사회의 교회가 갈라서기는 쉽지만 합동하는 것은 매우 어려운 일이라는 것을 나도 잘 알고 있었다. 하지만 좋은 일이니 한 번 추진해 보는 것도 나쁘지 않다고 생각했다. 그래서 나는 먼저 밀알교회 장로님들을 포함한 모든 성도들에게 한마음교회와의 합동을 제안하고 교회는 합동하기로 의견의 일치를 보았다. 그다음 나는 한마음교회 운영위원회의 위원들과 면담을 하고 긍정적인 답을 끌어냈다. 이런 합동의 일이 진행되는 과정에 밀알교회는 나의 후임으로 담임목사를 하실 수 있는 분을 모시기로 하고 적합한 목사를 수소문하였다. 마침 리버티 대학에서 공부하고 있는 송상철 목사가 교회를 찾는다는 소식을 접하고 송 목사를 초청하여 설교를 듣기로 하였다. 송상철 목사는 나의 제자로 합동신학대학원에서 공부한 목사님이다. 그리고 1995년 12월 10일 주일에 송상철 목사를 밀알교회 담임목사로 초청하는 공동의회로 모여 청빙 결의를 하였다.

그리고 해가 바뀌어 1996년 1월 21일 두 교회가 합동에 대해 투표를 하기로 했고 그 결과 두 교회 모두 합동에 찬성하는 결과를 얻게 되었다. 밀알교회와 한마음교회는 1996년 2월 4일 주일에 합동예배를 드리고 합동된 교회의 이름을 "새한교회"(Saehan Presbyterian Church)로 정하기로 뜻을 모았다. 그리고 그 다음 주 2월 11일 주일에 송상철 목사를 합동된 새한교회의 담임목사로 임직하는 예배를 드렸다. 이로써 나는 약 6개월 동안 밀알교회를 담임목사로 섬긴 후 밀알교회의 담임목사 역할을 면할 수 있게 되었다. 새한교회는 송상철 목사의 지도로 다른 곳으로 옮겨 교회당을 건축하여 많은 발전을 하였고 애틀랜타에서 영향력 있는 교회로 계속 사역하고 있다.

나는 새한교회 성도들이 밀알교회와 한마음교회의 장로님들, 성도들의 올바른 결정과 헌신의 결과로 새한교회가 존재하게 되었음을 기억하기 바란다. 역사를 통해 배우지 않으면 항상 잘못을 재현하게 된다. 하나님은 목회 경험에 일천한 나에게 이민사회에서 흔하지 않은 교회의 합동을 이루어 내게 하시고 합동된 교회를 귀하게 쓰고 계신 것을 보게 하셨다.

하루 동안 소유한 링컨 타운카(Lincoln Towncar)

나는 안식년을 얻으면 대부분 "안쉴년"으로 시간을 보낸
다. 우리 가족은 1995년 여름(7월)부터 1996년 여름(7월)까지 안
식년을 가졌다. 우리는 먼저 우리가 거처할 아파트부터 마련
해야 한다. 우리가 거처할 장소가 마련되면 우선 자녀들이 교
육받을 학교를 정해서 정착하는 데 돕는다. 그리고 일반적으
로 안식년 기간에 아내인 박순자는 자녀들의 교육을 위해 우
리가 거처하는 도시에 머물러 있고, 나는 여러 교회들을 방문
하여 설교를 하고, 선교보고를 하고, 기도와 재정후원을 요청
한다. 1995년의 안식년도 예년의 안식년과 다르지 않았다.

그런데 나의 일정 중 미국 교회인 은혜장로교회(Grace
Presbyterian Church, Ocala, FL. Pastor, Mike Gordon)를 방문할 일정이 1995

년 10월 31일(화)부터 11월 5일(일)까지 잡혀 있었다. 이 기간에 은혜장로교회는 선교대회(Missions Conference)를 개최했다. 미국 교회의 선교대회는 그 기간에 선교에 관한 하나님의 말씀을 매일 듣고 여러 나라에 파송 받아 선교활동을 하는 선교사들로부터 선교사역에 관한 보고를 듣는다. 이런 방법으로 하나님의 명령인(마 28:18-20; 눅 24:46-49; 행 1:8) 선교의 타당성을 성도들에게 확인시키고 돕는 선교사가 되든지 나가는 선교사가 되든지 하라고 도전한다. 나도 이 선교 대회에 한 순서를 맡았다.

그래서 나는 1995년 10월 31일 비행기로 애틀랜타(Atlanta)를 떠나 오칼라(Ocala)에 도착하여 교회에서 정해 준 가정에서 짐을 풀고 약 일주간을 보내게 되었다. 내가 머물게 된 가정은 은혜장로교회의 장로님 가정으로 클롯트펠터(Clotfelter) 장로님의 가정이었다. 나는 선교대회의 행사에 참석하고 나머지 시간은 클롯트펠터 장로님 내외분과 성경 이야기와 신학 이야기로 즐거운 시간을 보냈다. 내가 신학대학원 교수이기에 장로님 내외분은 많은 질문을 하고 나는 아는 만큼 대답을 하는 상황이었다. 그리고 클롯트펠터 장로님 내외분의 안내로 그 지역의 이곳저곳을 구경할 수도 있었다. 그분들이 소유한 자동차는 링컨 타운카였는데 승차감이 참으로 좋은 차였고 편안한 차였다. 미국에서 링컨 타운카 하면 누구나 좋은 자동차로 알아주는 고급스러운 자동차였다. 2011년 기준으로 링컨 타운카는 그 값이 약 $50,000이며, 링컨 콘티넨털은 2017년 기준으로 약 $50,000이다. 그런데 내가 애틀랜타로 떠나야 할 이틀쯤 전에 클롯트펠터 장로님이 내가 7년 전에 선교사들이 미국에 돌아오면 일 년 동안 사용할 자동차가 큰 문제라고 기도를 요청한 것을 기억한다면서 링컨 타운카의 열쇠와 타이틀(소유자 증명서)을 나에게 주면서 애틀랜타로 돌아갈 때 가지고 가라는 것이었다. 미국에서 타이틀은 그 증명서에 나의 이름을 적고 서명만 하면 내 소유의 자동차로 되는 관행이었다. 이 말은 내가 링컨 타운카의 소유주가 된 것이다.

링컨 타운카의 타이틀과 열쇠를 손에 쥔 나는 하루 저녁을 지내면서 기도하기 시작했다. 내가 이 차를 몰고 애틀랜타로 돌아가면 내가 오칼라에 올 때 이미 구입한 비행기 표는 낭비가 되겠다는 생각과 함께 목사이며 선교사인 내가 이런 좋은 자동차를 타고 다녀도 덕스러운 일일까 생각했다. 또한 이 자동차를 가지고 가면 앞으로 약 9개월간의 "국내에서의 사역"(Home Ministry Assignment) 기간에는 자동차 문제는 해결되겠다는 생각도 들었다. 하지만 아무리 생각하고, 기도해도 긍정적인 답이 나오지 않았다. 그래서 다음날 나는 자동차 열쇠와

시간, 나무가 되다 : 거목이 된 한 순례자의 시간

타이틀을 장로님께 돌려드리면서 그 이유를 설명했다. 클롯트펠터 장로님 내외분은 내가 자동차를 가지고 가지 않은 것에 대해 아쉬워했다. 7년 전의 기도요청을 기억하시고 헌신하신 장로님 내외분께 마음을 모아 감사를 드린다.

내가 애틀랜타로 돌아와서 선교본부(Mission to the World) 사무실에서 링컨 타운카의 자초지종 이야기를 했더니 여러 사람이 "아니 그 좋은 차를 가지고 와서 우리 중 누구에게나 주었더라면 얼마나 좋았겠냐"고 이야기했다. 우리는 웃었고, 나는 그렇게 한 것을 후회하지 않았다. 그래서 나는 참으로 좋은 링컨 타운카를 하루 소유한 소유주가 된 것이다.

여 권 없 이 캐 나 다 방 문

캐나다의 특강과 설교 일정이 잡혔다. 1996년 5월 7일-9일 (화-목)은 토론토(Toronto)에 소재한 열린문 한인교회(Open Door Korean Church)(김재열 목사)에서 특별집회를 하고, 5월 10일-12일 (금-일)은 오타와(Ottawa) 소재 한인교회(문태주 목사)에서 특별 집회를 하게 되어 있었다. 나는 5월 7일(화) 오전 애틀랜타에서 출발하여 토론토로 가서 집회를 하고 다음 월요일인 5월 13일에 보스턴(Boston)을 거쳐 미국으로 돌아오도록 계획을 세웠다. 그리고 캐나다 일정 이전에 미국 내의 여러 도시에 위치한 교회를 방문하기 위해 비행기로 여행을 계속했었다. 당시는 미국에서 여행할 때 비행기 표만 있으면 어느 도시든지 갈 수 있었다. 비행장에 가서 비행기 표를 내보이면 보딩 패스(탑승권)

시간, 나무가 되다 : 거목이 된 한 순례자의 시간

를 주었다.

그런데 5월 7일(화) 캐나다 일정을 위해 집에서 비행기 표(Delta 2028편)만 가지고 애틀랜타 공항에 나갔다. 캐나다가 다른 나라라는 사실을 전혀 생각하지 않고 편안한 마음으로 공항에 도착한 것이다. 내가 보딩 패스를 받기 위해 비행기 표를 내밀자, 담당 직원이 패스포트(여권)를 보여 달라고 하지 않은가? 그때에야 내가 다른 나라로 여행을 가게 된 사실을 깨달았다. 행사 일정이 그날 가기는 가야 하는데 다른 방도가 없어서 담당 직원에게 캐나다에 입국하면 어떻게 입국심사를 하느냐고 물었다. 그 직원의 대답이 랜덤 체크(random check: 수상한 사람만 골라서 조사하는 방법)를 한다고 했다. 그래서 용기를 얻어 붙들리지 않고 입국해서 집으로 전화하여 패스포트를 우편으로 보내 달라고 하면 되겠다 싶어 그 직원에게 오늘 가야할 상황을 말하고 보딩패스를 달라고 했다. 그런데 그분이 나의 토론토 스케줄을 본 다음 보딩 패스를 만들어 주었다.

캐나다 토론토에 입국했는데 애틀랜타 공항 직원의 말과는 달리 모든 입국자를 일일이 조사하였다. 그래서 나는 특별조사를 받기 위해 토론토 공항 입국 검사실로 안내를 받았다. 토론토 공항 입국 검사실 직원이 어처구니가 없는 듯 나에게 '어떻게 패스포트도 없이 다른 나라에 올 수 있느냐?'고 물었다. 그래서 나는 정직이 최선의 방법이라 생각하고, 미국에서 여행할 때 비행기 표만 있으면 보딩 패스를 주기 때문에 오늘도 토론토가 미국의 한 도시로 생각하고 집에서 출발했다고 대답했다. 토론토 공항 입국 검사실 직원은 내가 정신 나간 일을 한 것으로 생각은 하면서도 나에게 캐나다 일정을 보여 달라고 해서 나는 토론토 일정과 오타와 일정을 보여주었다. 그 직원이 "내가 캐나다 입국은 허락하겠는데 당신은 미국에 입국할 때 큰 어려움이 있을 것"이라고 하면서 캐나다 입국을 허락했다. 그런데 나는 전혀 염려하지 않았다. 왜냐하면 집으로 전화하여 패스포트를 보내달라고 할 판이었기 때문이다.

그런데 내가 계속 움직이고 있었기 때문에 나의 패스포트를 어디로 보내라고 할 수 없는 상황이 되어 나는 패스포트 없이 캐나다 일정을 모두 소화했다. 그리고 캐나다 오타와(Ottawa)에서 비행기를 타고(Delta 4307편) 보스턴(Boston) 공항을 거쳐 애틀랜타로 내려가는 일정이었다. 내가 보스턴 공항에 도착하여 입국하는데 토론토 공항 직원의 말처럼 크게 힘들 줄 알았는데 전혀 문제가 없었다. 비행기에서 내려 입국하는데 아무도 체크하는 사람이 없어 보무도 당당하게 그냥 걸어 나왔다. 그래서 나는 패스포트 없이 캐나다 여행을 무사히 마치게 되었다.

몇 년 후 2001년에 우리가 '9.11 사태'라고 부르는 테러 행위가 발생했다. '9.11 사태'는 2,996명의 사망자와 적어도 6,000명 이상의 부상자를 낸 끔찍한 테러 행위였다. 그런데 테러분자들이 그때 사용한 비행기가 보스턴 비행장에서 출발한 비행기들이었다. 나는 그 때 5년 전 옛 기억을 되살리며 혹시 보스턴 비행장의 경비(security)가 허술한 것을 테러분자들이 이용한 것 아닌가 생각하였다.

이스라엘 성경지리를 방문한 경험

나는 1996년 5월 21부터 31까지 미국장로교회(PCA)의 성도들과 함께 팀을 이루어 이스라엘을 방문하여 성경 명소들을 탐방하게 되었다. 여러 안전 점검을 거친 우리 팀은 드디어 이스라엘의 한 호텔에 정착하였다. 그리고 성경에 언급된 장소들을 방문하기 시작했다. 우리 팀을 인도한 가이드는 데오빌로(Theophilus)라는 이름을 가진 아랍계 유대인이었다. 데오빌로라는 이름은 누가가 누가복음과 사도행전에서 두 번 사용한 익숙한 이름이다(눅 1:3; 행 1:1). 그런데 데오빌로는 탁월한 성경 지리 안내자였다. 그가 소개하는 모든 내용은 신구약의 모든 내용에 상충하지 않은 그런 훌륭한 가이드였다. 신학을 공부한 나로서는 더욱이 감사하는 마음으로 여행을 즐겼다.

그런데 한 가지 그의 설명이 내가 아는 성경 지식과 상충하는 것이 있었다. 데오빌로는 세례요한이 광야에서 먹었던 메뚜기(locust)가 날아다니는 곤충류가 아니라 나무에 열린 완두콩과 비슷한 식물이라고 소개했다. 나는 그 설명을 듣고 재차 데오빌로에게 그것이 사실인지를 확인했다. 데오빌로는 "그렇다"라고 분명하게 대답했다. 나는 데오빌로가 세례요한이 먹었다고 소개한 "메뚜기" 하나를 기념으로 내 책상 서랍에 가지고 있다. 귀국한 후 나는 성경에서 메뚜기가 언급된 맥락을 연구해 보았다. 결과는 데오빌로의 소개가 틀렸고 내가 그동안 알아 왔던 내용이 맞았다는 것을 알게 되었다. 세례요한이 먹은 메뚜기는 날아다니는 곤충이다.

그리고 이스라엘 여행에서 한 가지 기억되는 경험은 우리가 사해(Dead Sea)를 방문했을 때에 발생했다. 나는 옷을 갈아입고 사해에 들어가 수영을 해 보았다. 많은 사람이 이야기하는 것처럼 사해는 염도가 높은 관계로 몸이 자연히 뜨는 경험을 했다. 그런데 한 미국 친구는 사해 근처 모래밭에 마련된 간이 탁자에 여러 동료가 둘러앉아 있어서 안심하고 자신의 여권과 돈과 호텔의 열쇠가 들어 있는 옷을 탁자 위에 놓고 사해로 들어갔다. 이 과정을 유심히 지켜본 아랍계의 한 청년이 재빠르게 그의 옷을 훔쳐서 달아났다. 탁자 주위에 앉아 있던 동료들이 "도둑이야" 외치면서 그를 따라갔지만 모래밭 근처에 대기시켜 두었던 자동차를 타고 도망한 관계로 그를 놓치고 말았다. 옷의 임자가 물에서 나와 잃어버린 것을 확인해 보니 여권과 미화 3,000불과 호텔 열쇠가 중요한 것들이었다. 잃어버린 여권과 돈은 어쩔 수 없었지만 우선 호텔에 아직 짐이 있었기 때문에 호텔로 전화를 걸어 묵고 있는 방을 잘 감시해 달라고 부탁했다. 그런데 도둑들은 훔친 열쇠로 호텔 직원들의 눈을 피해 호텔 방에 들어가 이것저것 뒤진 것을 나중에 발견했다. 그러나 도둑들이 호텔 방에서는 별로 가져간 것이 없었다. 미국 동료는 다음날 곧바로 이스라엘 주재 미국 대사관에서 여권을 다시 만들어 우리의 여행에는 지장을 주지 않았다. 그 당시는 미국인들이 외국에서 이렇게 여권을 분실했을 경우 신속히 처리되는 것을 보고 상당히 부러웠다. 지금은 한국인도 외국에서 여권을 분실했을 때 신속히 처리할 수 있는 길이 열려 있는 줄로 안다.

합해연 시작과 백두산 관광

합해연은 합동신학대학원대학교의 해외 연수원의 준말이다. 합해연은 중국 연길에서 내가 1997년 8월 4일부터 17일까지 두 주에 걸쳐 성경해석학, 바울신학, 그리고 사복음서를 강의한 것으로 시작되었다. 합해연은 그 당시 중국 연길에 소재한 복지병원에서 원장으로 사역하고 계셨던 김상현 박사의 주관으로 진행되었다. 그 당시만 해도 중국에 여행을 간다는 것이 쉽지 않은 상황이었기 때문에 중국 내에서 신학 강의를 하는 것은 위험한 일이었다. 그래서 연길에서의 강의는 장소를 세 곳으로 옮겨가면서 중국 공안들의 눈을 피해 강의한 기억이 새롭다. 합해연은 그 후 중국 북경의 21세기 교회로 장소를 옮겨 계속 진행되었다. 최근에는 중국이 선교사들을 추

방하고 종교 탄압을 심하게 하기 때문에 말레이시아 쿠알라
룸푸르로 옮겨 진행하고 있다. 합해연을 시작한 동기는 중국
과 동남아 지역에서 선교하고 있는 한국 평신도 선교사들에
게 신학교육을 하면 좀 더 효과적인 선교를 하는 데 도움이 되
리라 확신했기 때문이다. 합해연의 강의를 들은 학생들은 대
부분 일반 성도로 선교에 임하고 있는 사람들이다. 그런데 합
해연의 역사가 연륜을 쌓아가면서 합해연의 신학을 공부한
학생 중 목사로 봉사하기를 원하는 사람들이 생겨났다. 합동
신학대학원은 이들의 장래를 열어 주기 위해서 합해연의 교
과과정을 합동신학대학원의 1학년과 2학년에 해당하는 과목
으로 정하고 그 과정을 3년이나 4년에 걸쳐 모두 마친 학생으
로 목사 안수를 받기 원하는 학생은 합동신학대학원 캠퍼스
에 와서 1년 동안 합동신학대학원 학생들과 교제를 나누면서
나머지 3학년의 과정을 마치도록 주선하였다. 그리고 합동신
학대학원은 대한예수교장로회(합신)와 협의하여 합해연의 전
과정을 마친 학생에게 안수를 받을 수 있는 길을 열어주도록
협의하여 허락을 받았다. 그래서 합해연의 전 과정을 마친 학
생은 목회학석사(M.Div.)는 받지 못하지만 합신 측 교단에서 안
수는 받을 수 있게 되었다. 상당수의 학생이 이런 과정을 통해
목사로 안수받고 임직을 하였다.

나는 합해연의 강의를 마침 연길에서 하게 되었기 때문에 아내와 함께 백두산을 구경하고 귀국하는 것이 좋게 생각되어 백두산 여행을 계획하였다. 연길에서의 합해연 강의가 끝날 무렵 나의 아내는 연길에 도착하였다. 강의가 끝난 후 김상현 박사와 당시 연길에서 노블구강병원을 선교 차원에서 운영하고 있었던 박의식 박사 등 지인들의 도움으로 몇 사람이 팀을 이루어 아침 일찍 백두산으로 향했다. 백두산 밑에 도착하여 알아보니 천지를 구경할 방법이 둘이 있는데 하나는 거의 일천여 개나 되는 계단을 올라가 천지 물을 직접 만져보는 방법과 또 하나는 자동차를 타고 백두산 꼭대기에 올라가 천지 물을 바라다보는 방법이었다. 우리 일행은 백두산 천지 물을 직접 만져 볼 수 있는 방법을 먼저 하기로 하고 수많은 계단을 오르게 되었다. 나의 아내는 굉장히 힘들어하면서도 천지 물을 만져보겠다는 소망으로 그 많은 계단을 오르는 데 성공하였다. 천지에 도달해서는 천지 물로 세수도 해보고 손도 씻어보면서 즐거운 시간을 보냈다. 천지 물을 만져 보고 다시 산 밑으로 내려 온 우리는 다시 백두산 꼭대기로 올라가 천지를 내려다보는 구경을 하기로 하고 자동차로 백두산 꼭대기로 올라갔다. 많은 사람이 천지를 바라보기 위하여 백두산에 오른다. 천지의 일기가 변화무쌍하여 어떤 사람은 세 번이나 올

랐지만, 천지가 구름에 가려서 천지의 모습을 볼 수 없었다고 한다. 그런데 우리가 백두산에 올랐을 때는 일기가 화창하여 천지의 전체 모습을 즐길 수 있었다.

한 가지 회한으로 남는 것은 북한은 백두산의 2/3 정도를 주관하고 중국은 1/3 정도를 주관하는데 중국은 백두산 관광을 통해 많은 수입을 챙기는 반면, 북한은 백두산 저 위쪽에 경비실을 하나 만들어 놓고 그냥 내려다보기만 한다는 소리를 듣고 안타까움을 금할 수 없었다. 나라의 통치자가 어떤 사람이냐에 따라 백성이 잘 살 수도 있고 힘들어할 수도 있다. 모든 지도자가 마찬가지이지만 북한의 지도자들이 백성을 생각하는 지혜로운 지도자들이 되었으면 하는 바람이다.

쉬운성경 신약 번역

나는 아가페출판사에서 오픈성경을 출간할 때(1987년) 성경 본문의 해설을 유재원 교수(총신대), 윤영탁 교수(합신대)와 함께 세 사람이 편찬 감수를 한 경험을 가지고 있다. 내가 성경 번역에 참여한 것은 성서공회에서 주관하는 표준새번역(1993년)과 아가페출판사에서 주관하는 쉬운성경(2005년)이다. 표준새번역에 관한 일화는 이미 언급했다. 쉬운성경은 성경 원문을 근거로 하되 읽기 쉽게 번역하여 특히 어린이들이 성경을 이해하는 데 도움을 주기 위해 번역된 성경이었다. 나는 신약의 갈라디아서부터 계시록까지를 담당하였다. 한국 교회 성도들은 성경에 대한 특별한 사랑이 있다. 그래서 번역본인 특정한 한글 성경만이 유일한 하나님의 말씀인 것처럼 생각하기도 한다. 한국 내의 어떤 그룹은 킹 제임스(King James) 번역 성경만이 유일하게 믿을만하다고 가르치는가 하면 또 다른 사람들은 이유 없이 어느 한 번역본에 매달리는 경우가 있다. 그러나 우리는 번역 성경은 역시 번역 성경이라는 사실을 잊어서는 안 된다. 번역 성경은 원래 하나님께서 성령의 감동으로 그의 뜻을 히브리어, 아람어, 헬라어로 기록해 주신 원어의 뜻을 각 나라의 언어로 전달하는 역할을 하는 것이다. 번역은 어떤 경우에도 한 언어의 뜻을 다른 언어로 100% 옮길 수 없다. 아가페 쉬운 성경은 원어의 뜻을 최대한 살려서 어린 자녀들이 성경의 내용을 이해할 수 있도록 쉬운 말로 번역했다는 점에서 유익한 시도였다고 생각된다. 지금도 아가페 쉬운성경은 독자들의 사랑을 받고 있다고 전해 듣고 있다.

시간, 나무가 되다 : 거목이 된 한 순례자의 시간

서울성경신학대학원대학교의
총장 시절 기억에 남는 일

　나는 합동신학대학원대학교의 설립에 기여했기 때문에 70세까지 가르칠 수 있었다. 그런데 2007년 말 서울성경신학대학원대학교에서 총장으로 학교를 정상화해 달라는 초청이 있었다. 그래서 나는 합동신학대학원대학교를 2008년 2월로 사임하고 2008년 3월부터 서울성경신학대학원대학교 총장으로 봉사하기 시작했다. 합동신학대학원대학교는 나를 명예교수로 추대해 주었다. 서울성경신학대학원대학교의 총장으로 부임하여 학교의 형편을 살펴보았더니 정상적인 운영이 되고 있지 않았다. 학교의 정원 전체가 120명인데도 불구하고 정원을 채우지 못한 상태였다. 그래서 학교의 재정 상태가 말이 아니었다. 학생이 공부하기를 원하는데 등록금을 낼 수 없다고 하면 학생을 잃지 않기 위해 등록금을 면제해 주는 방법을 쓰고 있었다. 결국, 학교의 경상비를 깎아 먹는 관행이었다. 그래서 나는 장학금을 확보해야 하겠다는 결심을 하고 대한예수교장로회(순장)에 속한 몇 안 되는 교회를 방문하여 목사님과 장로님들과 성도들에게 호소하여 한 학기에 한 계좌(30만 원)씩만 도와달라고 부탁하였다. 한 계좌를 30만 원으로 책정한 것은 뜻만 있으면 십시일반(十匙一飯)으로 한 달에 5만 원은 학교를 위해 헌금할 수 있다고 생각했기 때문이다. 하나님의 인도로 이 계획은 성공하게 된 셈이다. 그렇게 하여 만든 장학금 계좌가 120 계좌를 넘었다. 어떤 분은 한 계좌에 30만 원이 아니라 100만 원을 하기도 했다. 결국, 한 학기에 3천6백만 원 이상의 장학금 후원을 받을 수 있게 되었고 학생들에게 넉넉하게 장학금을 지급할 수 있게 되었다. 학생 모집할 때 1등 하는 학생에게는 1년 동안 등록금 전액 장학금을 지급하도록 결정하여 시행하기도 했다. 학생들에게 장학금을 지급하니 학생들은 계속 공부를 할 수 있게 되었고, 더 많은 학생이 지원을 하여 처음으로 정원 120명을 채우는 기록도 세웠다.

경제적으로 안정이 되지 않았기 때문에 교수진은 풀타임 교수가 한 사람도 없고 모두 파트타임 교수로 충당하고 있었다. 그래서 내 임기가 끝나기 전까지 적어도 신약 1명, 구약 1명, 조직신학 1명, 교회사 1명 모두 4명 정도는 풀타임으로 임용하도록 해야 하겠다고 다짐하고 추진하였다. 그러나 여건이 너무 열악하여 내가 총장직을 퇴임할 때 신약과 교회사 두 사람만 풀타임 교수를 모실 수 있었다.

서울성경신학대학원대학교 총장으로 봉직하면서 학생들과 교회의 관심 있는 분들과 함께 조은선교팀을 구성하여 몽골, 태국, 스리랑카, 필리핀(2회), 캄보디아, 베트남, 인도네시아 등의 나라에 가서 선교로 봉사하였고 지금도 이 사역은 계속되고 있다. 조은선교팀이 몽골에 선교여행을 갔을 때 한국에 와 있는 몽골 청년들을 영상 인터뷰해서 가지고 갔다. 그리고 몽골에서 청년들을 한국에 보낸 각 가정을 방문하고 복음을 제시했다. 이런 노력은 대략 25명의 회심한 신자를 얻게 되었다. 우리는 한국으로 귀국하기 전 주일에 25명 모두를 한 교회로 모이라고 하였고 그들을 그 교회에 소개하고 계속 보살펴달라고 부탁하고 몽골을 떠났다. 그 교회는 한 주에 25명의 새 신자를 얻었기 때문에 놀라움과 함께 기쁨을 감추지 못했다.

내가 서울성경신학대학원대학교 총장으로 부임한 후 확인한 것은 경건 예배를 좁은 교실에서 드리고 있는 상황이었다. 학교 건물에 예배를 드릴만 한 공간이 없는 것도 사실이었다. 그런데 학교 건물의 지하층에 방이 두 개가 있는데 습기가 많고 홍수 기간에는 물이 고일 정도이기 때문에 사용하지 않고 내버려 두고 있었다. 그래서 나는 요즈음 같은 과학 시대에 해결책이 있으리라 생각하고 여러 방도로 알아본 결과 두 방을 꾸며 활용할 수 있다는 결론에 도달했다. 그래서 지하의 두 방을 잘 꾸며 한 방을 예배실로 사용하고 다른 방을 체육실로 만들어 탁구대 2대를 설치했다. 이렇게 하니 학교의 분위기가 활성화되고 예배도 훨씬 경건하게 드릴 수 있게 되었다. 나는 집에서 귀하게 여기는 피아노를 예배실을 위해 기증하였다. 지금도 이 두 공간은 좋은 용도로 사용되고 있다.

교통사고에 나타난 하나님의 은혜

하나님의 은혜로 서울성경신학대학원대학교의 총장 직무 4년을 무사히 마치게 되었다. 나는 2008년 2월 25일 이명박 대통령의 취임일과 같은 날 서울성경신학대학원대학교 총장으로 취임했다. 이명박 대통령 취임은 여의도 국회의사당 앞에서 행해졌고, 서울성경신학대학원대학교 총장 취임은 신대방동에 소재한 대천교회당에서 진행되었다. 그때 웃는 말로 여의도로 가실 분은 여의도로 가고 신대방동으로 오실 분은 신대방동으로 오십시오라는 말을 했다. 그래서 이명박 대통령과 박형용 총장은 취임 날짜가 같다. 나는 서울성경신학대학원대학교를 나름대로 안정적으로 운영되도록 하고 2012년 2월 말로 퇴임을 하였다.

서울성경신학대학원대학교 총장으로 재임하면서도 나
는 계속 합동신학대학원대학교에서 한 과목을 가르쳐 왔다.
그것이 가능했던 것은 서울성경신학대학원대학교는 매 수요
일에 강의를 하지 않았기 때문이었다. 나는 서울성경신학대
학원대학교 총장을 퇴임한 후인 2012년 1학기도 합동신학대
학원대학교에서 3학년 필수인 "바울신학"을 강의하였다. 그
런데 2012년 5월 24일(목)에 둘째 딸 세라(Sarah Park)가 생명공학
(Cellular and Molecular Medicine)으로 박사학위(Ph.D)를 존스 홉킨스
대학교(Johns Hopkins University)로부터 받게 되었다. 존스 홉킨스
대학교는 의과 계통으로는 미국에서 둘째가라면 서러워할 정
도로 명성이 있는 학교이다. 그래서 서울성경신학대학원대학
교의 총장 임기도 마친 후이고 합동신학대학원의 강의도 보
강하여 조금 빨리 마칠 수 있었기에 딸의 박사학위 취득을 축
하하기 위해 안식 학기를 갖기로 하고 미국을 방문했다. 존스
홉킨스 대학교가 소재한 볼티모어(Baltimore)에 도착하여 며칠
을 머물면서 세라의 친구들과 지도교수(Advisor)인 데이빗 유
(David T. Yue) 박사를 만났다. 지도교수에게는 세라를 지도해 준
일에 대해 감사의 말을 전했다. 세라의 박사 학위 취득을 축하
한 후 웨스트민스터신학대학원이 소재한 필라델피아에서 며
칠 더 머물면서 친구들과 옛정을 나누고 6월 초에 애틀랜타

(Atlanta)로 이동하여 2013년 2월 말까지 체류할 것을 생각하고 아파트를 구하고(친구인 송영성 목사가 이미 정해 두었음) 자동차를 샀다. 그런데 자동차는 현재 웨스트민스터신학대학원에서 변증학으로 박사학위를 공부하고 있는 아들 박바울을 생각하면서 장만하였다. 바울이가 현재 쓰고 있는 자동차가 말썽을 많이 부린다고 하여 우리가 쓰다가 한국으로 귀국할 때 바울에게 주고 올 생각으로 바울과 의논한 후 2013년 최신형 현대 엘란트라(한국은 현대 아반떼)를 구입하였다.

그런데 나의 안식 학기에는 주변의 교회와 신학대학에서 강의 요청이 많아 사실상 안쉴년으로 보내고 있는 실정이었다. 나의 일정 중 2012년 11월 7일(수)에는 미드웨이장로교회(Midway Presbyterian Church)에서 말씀을 전하고 11월 10일(토)은 10여 시간 운전하여 플로리다 오칼라(Ocala, Florida)로 여행을 떠나야 했다. 그 이유는 오칼라에 소재한 그래이스장로교회(Grace Presbyterian Church)에서 11일(주일) 아침 성경 공부 시간, 11시 예배의 설교, 그리고 예배 후 교제 시간에 말씀을 전하기로 하고, 오후에는 같은 교회 건물에서 모이는 오칼라(Ocala) 한인장로교회(김삼 목사)에서 말씀을 전하기로 약속되어 있었기 때문이다. 미드웨이장로교회와 그래이스장로교회는 많은 다른 교회와 함께 본인의 교수 사역을 위해 1976년부터 계속 경제적으로 도왔던 교회들이다.

그런데 미드웨이교회가 집회 전에 저녁을 함께하자고 초청을 하였다. 나는 아내와 함께 예정된 저녁 시간 전에 미드웨이교회에 도착하였다. 저녁 식사하는 중 우리 식탁에 미드웨이 교회의 청년 지도목사(Youth Pastor)가 함께 식사하게 되었는데 마침 탁구 이야기가 나오게 되었고, 내가 탁구를 조금 잘 친다고 말을 하였다. 그때 청년 지도목사인 데이비드 배리(David Barry)가 나에게 탁구 도전을 하였다. 내용인즉슨 집회 후에 자기와 함께 탁구를 한 후 집으로 가라는 것이었다. 나는 이런 제안을 받으면 흔쾌히 응답한다. 그래서 수요 저녁 집회를 마치고 탁구대가 있는 곳으로 이동하였다. 그곳에 미드웨이교회의 담임목사인 데이비드 홀(David Hall) 목사도 임석하고 다른 성도들도 많이 참석하였고 특히 배리 목사의 지도를 받고 있는 청년들이 많이 참석하였다. 우리는 즐겁게 몇 라운드를 하였다. 그런데 배리 지도목사는 나의 상대는 아니었다. 마지막 판은 21점 개임으로 21대 5로 내가 이기기도 하였기 때문이다.

밤 9시경쯤 되어 탁구 치는 것을 끝내고 아내와 나는 엘란트라 차에 올라 집으로 향하였다. 교회의 주차장을 빠져나와 큰길에서 우회전을 하여 집 쪽으로 가는데 약 30여 미터 가니 신호등이 빨강 불이었다. 이미 한 차가 신호를 기다리며 정차

해 있어서 나는 그 뒤에 정차하였다. 그런데 잠시 후에 어느 차가 우리 차의 뒷부분을 들이받았다. 갑작스러운 상황에 우리는 매우 놀랐다. 아내는 배의 창자가 앞으로 튀어나왔다가 다시 들어간 느낌이었다고 말했다. 나는 추돌할 때 무의식적으로 왼발에 힘을 주었는지 왼발 장딴지 쪽이 뻣뻣해 있었다. 정신을 가다듬은 후에 사건을 정리하기 위해 차에서 나와 우리를 추돌한 차의 운전자를 보는 순간 한 번 더 놀랐다. 왜냐하면 그 운전자는 다름 아닌 조금 전 나와 탁구 시합을 했던 청년 지도목사 데이비드 배리였기 때문이다. (이 이야기를 들은 사람들은 모두가 이 대목에서 청년지도목사가 탁구에 진 것을 복수하기 위해 들이받았다고 웃으면서 말한다. 그러나 그 시간은 저녁 9시경이었다). 하나님은 이 사고에서 우리를 생명보호 담요로 둘러싸 보호해 주셨다고 믿는다. 우리는 경찰을 부르고, 토우 트럭(tow truck)을 부르고, 보험관계자를 불러 사고 뒤처리를 완료했다. 그리고 배리 목사의 차도 레커차로 움직여야 할 상태이기에 배리 목사가 교회의 차량을 빌려 우리를 우리 아파트까지 저녁 늦게야 데려다주었다.

우리는 11월 11일 주일 그레이스장로교회(Grace Presbyterian Church)에서 설교하기로 스케줄이 잡혀 있었기 때문에 차량을 렌트하여 플로리다로 10일(토)에 떠났다. 마침 렌트한 차가 폭

스바겐 차량이었는데 크루즈 컨트롤(Cruise Control, 정속 주행 장치)이 없는 차량이어서 사고 후에 몸이 온전하지 않은 상황에서 힘들게 운전을 할 수밖에 없는 그런 여행이었다. 그레이스 장로교회(Grace Presbyterian Church)에서 주일의 모든 임무를 마치고 월요일에 애틀랜타로 다시 돌아왔다. 그리고 얼마 후 보험회사(State Farm)로부터 "당신 차는 폐차처분 해야 합니다"(Your car is unrepairable.)라는 소식이 왔다. 그리고 우리가 사용한 차가 2012년 6월에 구매한 차이기에 그동안의 사용분을 제하고 약 17,000불을 보상해주었다. 우리는 차가 작은 차이기에 이렇게 큰 사고로 이어지지 않았나 생각하고 아들에게 넘겨줄 것을 생각하면서 이번에는 돈을 좀 빌려 2013년형 현대 소나타(Sonata)를 구매하였다. 소나타의 값은 약 25,000불이었다.

그리고 우리는 교통사고의 후유증은 오랜 후에도 나타날 수 있으니 병원의 치료를 받아야 한다는 많은 사람의 권면을 들었다. 그 권면에 따라 한인 의사가 운영하는 병원(Chiropractor)을 방문해서 한 번 치료를 받았다. 그런데 그다음 병원을 방문했을 때 변호사 사무실에서 한 사람이 나와 이 사건을 자기들에게 맡겨달라는 것이었다. 그래서 나는 변호사가 이 사건을 맡으면 미드웨이교회(Midway Presbyterian Church)나 배리(Barry) 목사에게 무슨 영향이 있는지 확인을 하였다. 왜냐하면 미드웨이 교회는 내가 거의 40여 년을 친교 해 온 교회이기 때문이었다. 변호사는 미드웨이교회에도 그리고 배리 목사에게도 전혀 영향을 미치지 않는다고 말하면서 이는 오로지 변호사와 보험회사와의 관계에서 타협하게 된다고 했다. 그래서 나는 그 변호사에게 사건을 맡기고 한국 웨스트민스터신학대학원대학교(Westminster Graduate School of Theology)에서 총장으로 초청했기에 2월 초순에 한국으로 귀국하였다. 변호사 사무실과의 법적 문제는 그 당시 애틀랜타 소재 화평교회의 담임목사였던 조기원 목사(현재는 서울 송파 소재 송파제일교회 담임)에게 위임하여 일임하였다.

그런데 얼마 후에 미국의 변호사 사무실에서 연락이 왔는데 보험회사에서 박형용에게는 4,277불, 박순자에게는 4,250불을 배상하기로 결정했다는 것이다. 두 사람이 배상받을 금액이 8,527불이다. 그래서 엘란트라 사고 후 이전 보험회사에서 보상받은 17,000불과 이번에 나와 아내의 보상비 몫인 약 8,000불을 합친 금액이 25,000불이 되어 사고 난 후 새로 구매한 소나타 값 25,000불과 정확하게 일치하는 것을 보고 하나님은 계산도 정확하게 하신다고 생각하며 하나님의 깊은 섭리적 인도를 감사했다. 하나님은 우리를 폐차시킬 만큼의 비교적 큰 교통사고에서도 "생명보호 담요"로 감싸주셨고, 경제적으로

도 전혀 어려움 없도록 인도해 주셨다. 이 교통사고 덕에 박바울은 현대 엘란트라(아반떼) 대신 더 좋은 소나타를 물려받을 수 있었다.

▲ 이 이야기는 『하나님이 가라사대, 내가 항상 너와 함께 하마』, 좋은미래, 2018, pp. 107-113에 게재된 것임을 밝힌다.

232
시간, 나무가 되다 : 거목이 된 한 순례자의 시간

총장학을 전공했다는 별칭을 가진 교수

원래 나는 하나의 별명을 가지고 있었다. 그것은 학생들과 동료들이 붙여준 별명이었다. 나는 항상 신학생들에게 또 목회자들에게 상식적인 행동을 하는 사람이 되어야 한다고 강조해 왔다. 그래서 구체적으로 사람이 화장실에 들어갈 때 화장실의 내부가 깨끗하기를 바라는 것처럼 자신이 사용하고 나올 때 다른 사람을 위해 최대한도로 깨끗하게 정리해 놓고 나와야 한다고 가르쳤다. 목회할 때 목사가 장로님이나 집사님으로부터 세 번 식사대접을 받으면 목사도 한 번쯤은 상대방에게 식사를 대접해야 한다고 가르쳤다. 비록 대접받을 때는 비싼 음식으로 대접받았을지라도 목사의 형편이 따라주지 않으면 싼 음식으로라도 대접해야 한다고 가르쳤다. 그리고 공공장소에서나 호텔에서나 고속도로 휴게소 등의 화장실에서 일을 보고 손을 씻은 다음 손 닦는 휴지를 쓸 때 한 장만 사용하라고 권고했다. 나의 관찰로는 많은 사람이 생각 없이 두 장 혹은 세 장을 꺼내서 적당히 손을 닦은 다음 아무렇게나 쓰레기통에 넣는다. 그러나 나는 딱 한 장만 꺼내서 손을 말린 다음 두 손으로 비벼 조그마하게 축소해 쓰레기통에 버리라고 가르친다. 그러면 우선 쓰레기를 정리하는 청소부들을 돕게 되고 또한 종이를 아끼는 일에 동참하기도 한다. 그리고 내가 늘 해본 결과 손을 닦는 데는 휴지 한 장으로 충분함을 깨달았다. 이런 이야기와 더불어 다른 상식적인 이야기를 많이 해서 제자들과 동료들이 나에게 "상식의 사도"(An Apostle of Common Sense)라는 별명을 붙여 주었다.

그런데 내가 합동신학대학원대학교, 서울성경신학대학원대학교, 웨스트민스터신학대학원대학교의 총장으로 봉사한 이유 때문에 나에게 또 하나의 별명이 생겼다. 그것은 한 사람이 세 대학교의 총장으로 봉사한 예가 그렇게 많지 않기 때문이다. 그래서 많은 사람이 나에게 웃으면서 "박형용 박사는 신약 전공이 아니요, 총장학 전공한 학자이다"라고 별칭을 만들어 준 것이다. 총장학이 무엇일까하는 생각을 해 보았다. 총장학은 총장이 군림하기보다는 교수들과 직원들 그리고 학생들과 같은 위치에서 인간관계를 이어나가는 것이요, 항상 억지로 문제를 풀어나가는 것보다 순리로 문제를 해결하는 것이요, 만나는 사람의 마음을 편하게 해 주면서 일을 처리할 수 있어야 할 것이요, 무엇보다도 신학대학원에서는 그 학교가 제창하는 신학의 정체성을 유지하면서 겸손하게 행정을 하는 것일 것이다. 여하간 본인은 총장학은 연구하지 못했지만 세 신학대학원의 총장으로 봉직하면서 총장이 어떤 사람이 되어야 그 공동체가 행복한 공동체가 될 수 있을지에 대해서는 많이 배웠다. 신학대학원 총장은 항상 하나님의 말씀에 비추어 당면한 사건을 처리하기 위해 노력해야 한다. 나는 이처럼 "상식의 사도," "총장학 전공자"라는 듣기에 나쁘지 않은 두 개의 별명을 가지게 되었다.

대한예수교장로회(합동) 총회의 분열과 합동신학교

지금부터 이야기하려는 합동신학교 본관 건축과 관계된 내용은 내가 이미 신학정론 제33권 2호에 게재한 "합동신학대학원대학교 설립 역사의 뒤안길에 감추어진 진실들"(273-302)의 내용과 상당부분 동일하거나 비슷함을 밝혀둔다. 내가 지금 쓰고 있는 이런 경험들은 이 책에서 빼놓을 수 없는 중요한 내용들이기에 비록 이전에 기고한 내용과 상당 부분 같거나 중복될지라도 여기에 기록하게 된 것이다. 독자의 이해를 구한다.

합동신학대학원대학교(1980년에는 합동신학원)는 1980년 11월 11일에 개교하였다, 합동신학대학원의 태동을 이해하기

위해서는 1980년 이전의 한국 정치 상황과 대한예수교장로회
(합동)와 총신대학교(신대원 포함)의 사정을 이해하여야 한다.
당시 박정희 대통령은 18년간의 장기 집권의 막바지에 이르
고 있었다. 박정희 대통령이 1979년 10월 26일에 시해된 사실이
이를 증거하고 있다.

많은 국민은 불만을 표출하였고 특히 대학생들은 그들의
불만을 데모로 표출하였다. 한국의 많은 대학생이 1978년부터
여기저기서 데모를 하였다. 총신대학교도 그 예외는 아니었
다. 학교가 자리잡고 있는 사당동 캠퍼스는 학생들이 학외 문
제와 학내 문제로 가끔 데모에 휩싸이곤 했다. 총회도 참으로
어려움이 많은 시기였다. 대한예수교장로회 총회(합동)는 주
류와 비주류로 나누어져서 서로 교권 다툼을 하는 상황이었
다. 덩달아서 총신대학교의 교수들도 교단 정치꾼들 편에 서
서 활동하는 교수와 학교를 정상적으로 운영하기 원하는 교
수들로 나누어져 있었다.

대한예수교장로회(합동) 총회는 1979년 9월 대구 동부교회
에서 모이게 되어 있었다. 대한예수교장로회(합동) 교단은 살
벌한 분위기 가운데서 주류 측과 비주류 측의 교권 다툼으로
극에 달해 있는 상황이었다. 이와 같은 총회의 분위기는 총신
대학교의 분위기를 사로잡고 있었다. 내가 주류와 비주류가

극한 대립을 하면서 총회로 모이기 때문에 교단의 장래가 염려되어 총회를 방청하겠다고 하자 동료 교수들과 목사님들이 "찍히면 큰일 난다"는 이유로 적극적으로 만류했다. 하지만 나는 총회의 상황이 심상치 않아 총회를 방청하기 위해 친구와 함께 총회가 모이는 첫날 대구로 내려갔다. 우리가 총회 장소에 도착한 시간은 대략 오후 4시 경이었다. 그때만 하더라도 총회가 모이는 동부교회의 예배당에 누구든지 자유스럽게 들어갈 수 있었다.

총회로 모이는 동부교회의 그 당시의 상황은 교회당 앞에 두 개의 큰 문이 있어서 그 문을 열면 자동차도 교회당 건물 가까이 접근할 수 있게 되어 있었고, 그 큰 문을 닫으면 큰 문에 붙어 있는 작은 문이 하나 있어서 그 문으로는 한 사람씩 드나들 수밖에 없는 상황이었다. 우리가 오후 4시경 동부교회당에 도착했을 때는 큰 문도 열려있는 상황이었다. 그런데 우리가 저녁을 먹고 돌아오니 큰 문은 닫혀있었고 작은 문으로만 사람이 들고 날 수 있는 형편이었다. 그런데 그 작은 문으로 입장을 허락받은 총회 총대는 그 당시 이영수 목사를 지지하는 주류 측 총대들 뿐이었다. 소위 비주류 측 총대는 아예 총회의 장소로 입장이 불가능하였다.

비주류 측 인사들은 동부교회당 앞길에서 이영수 목사와

주류 측 목사들을 비난하면서 시위를 계속하였다. 결국, 이런 저런 충돌이 일어났고 주류 측 고발로 트럭 2대에 나누어 탄 경찰이 교회당 앞을 가로막는 상황에까지 이르게 되었다. 비주류 측 인사들은 총회 장소 안으로 입장이 거부되자 교회당 밖 거리에서 소형 마이크로 어느 교회로 모이라고 광고를 여러 차례 하였고 결국 비주류 측 인사들은 대구에 있는 은일교회로 옮겨갔다.

반면 동부교회에서는 첫날 저녁 총회의 임원진을 이영수 목사 측근들로 모두 선발하였다. 나는 작은 문으로 입장하여 총회의 진행을 방청하고자 하였으나 거부되었다. 그 문을 지키고 있었던 사람들은 대구신학교 출신으로 그 당시 총신대학원에서 나의 강의를 듣고 있는 제자들임에도 불구하고 나는 입장을 거부당한 것이다. 그래서 친구와 함께 호텔로 가서 텔레비전을 켜고 대구 MBC 마감 뉴스를 보는데 뉴스에 온통 대한예수교장로회(합동) 총회의 어지러운 모습과 같은 기간에 대구 시내에서 진행되고 있는 "나는 찾았네, 너는 찾았네, 새 생명 예수" 행사의 뉴스를 보게 되었다. 이 뉴스를 보고 새 생명 예수를 찾을 사람이 있을까 하는 생각을 했다.

다음날 일찍 일어나서 총회 장소로 갔더니 그때에는 동부교회당의 큰 문까지 활짝 열려 있는 상황을 발견하였다. 총회의 임원이 무엇이라고 이렇게 하나님의 영광을 가리고 자신의 측근을 세우기 위해 공산당들도 하지 않은 자기편만 입장시키는 일을 할까 하고 생각했다. 그런데 비주류에 속한 인사들은 그들이 옮겨간 은일교회의 목사가 주류 측 인사의 협박으로 결국 교회당을 빌려주지 않기로 하여 거기서 총회를 열지 못하고 서울로 옮겨 몇 주 후 청파동에 위치한 청암교회(당시 이환수 목사 시무)에서 총회로 모였다.

대한예수교장로회(합동) 비주류 총회 참관

대한예수교장로회(합동) 비주류 총회는 1979년 11월 6일 서울 청파동에 있는 청암교회에서 회집하였다. 나는 주류 측 총회도 참관하였으니 비주류 측 총회도 참관하기로 작정하였다. 사실은 어느 쪽에 더 소망이 있는지를 확인하기 위해서였다. 여러 동료가 살벌한 정치 상황에서 주류 측에 속한 총신대 신대원의 교수인 내가 비주류 측 총회에 가는 것을 극구 말렸다. 동료들의 만류에도 불구하고 나는 비주류 총회가 모이는 첫날 청파동에 있는 청암교회당으로 향했다. 청암교회는 나와는 특별한 인연이 있다. 내가 고등학교 다닐 때 청암교회 청년부에서 그 당시 연세대 교수이셨던 조신권 교수의 신앙 지도를 받은 것이다. 그런데 비주류 총회가 바로 이 청암교회에서 회집된 것이다. 총회의 일정 중 광주에서 오신 정 모 목사님이 왜 총회를 분립해야 하는지 그 타당성을 설명하고 있었다.

여기서 내가 경험했던 이야기를 나누는 것이 상황이해에 도움이 된다. 1979년 총회가 모이기 전에 주류 측과 비주류 측은 서로 비방전을 하였다. 그런데 비주류 측에 속한 광주지역 목회자 수련회에 그 당시 총신대 신대원 교수인 나를 강사로 초청했다. 그 당시 나는 총신대 신대원 교수회의 서기로 봉사하고 있었다. 그런데 비주류 측 인사들은 총신대학교를 비판하면서 그 당시 학장이셨던 김희보 학장이 문서설을 가르친다는 것과 한 학생이 군사훈련을 받는 동안 성수주일을 고집함으로 군대에서 문제가 있었는데 총신대학교 교수회가 그 학생을 제적 처분했다고 총신대와 총신대 교수들을 비판했다. 그래서 나는 강사로 초청받은 비주류 측 목회자 수련회에서 내가 총신대 신대원 교수회의 서기인 것을 확실하게 밝히고 교수회에서 군사훈련 받으면서 성수주일하려는 학생을 제적 처리한 적이 없다고 진지하게 설명했다. 그러므로 그런 비판은 거짓에 근거한 것임으로 더 이상 언급하지 말아 달라고 부탁하였다. 그 자리에 광주지역의 리더이신 정 모 목사님이 바로 강대상 앞에 앉아 계셨다.

그런데 비주류 총회에서 바로 그분이 나서서 총회를 분립해야 하는 이유로 총신대 교수회가 성수주일하려고 하는 학생을 제적했다고 또 언급하고 있었다. 나는 비주류 총회도 주류 총회나 별다른 것이 없구나 하는 슬픈 마음을 가지고 즉시 총회 장소를 떠났다. 비주류 총회는 교단의 명칭을 대한예수교장로회(합동보수)로 정하였다. 이렇게 한국의 대한예수교장로회(합동)는 1979년에 주류측(합동), 비주류측(합동보수)그리고 중립으로 남아있는 중립 측으로 삼분된 것이다.

교수회의 학사행정권을 침해한 교회 정치

대한예수교장로회 총회가 1979년에 주류와 비주류로 나누어지고 해가 바뀌었다. 1980년이 된 것이다. 총신대학원은 1학기를 위해 학생을 모집하게 된다. 그리고 이런 혼란스러운 상황에서는 일반적으로 자격이 없는 사람들이 합동 측에 속했다는 이점을 얻기 위해 총신대학원에 편입 지원을 한다. 그런데 1980년 지원생 중에 대략 40여 명은 입학 허락을 할 수 없는 사람들이었다. 이들은 학업에 임할 준비가 되어있지 않았다. 그래서 교수회에서는 이들을 모두 불합격 처리했다.

그런데 이영수 목사가 주도하고 있는 이사회에서 학교의 조직을 개편하여 신학연구과와 목회연구과를 분리하고, 신학연구과의 교수는 이영수 목사가 껄끄럽게 생각하는 교수를 임명하고, 목회연구과에는 이영수 목사에게 고분고분한 교수를 임명했다. 그런데 학교의 조직 개편은 교수들의 소관이 아니요, 이사회의 소관이다. 그래서 교수들은 이사회의 결정을 그대로 순종했다. 어차피 가르칠 때는 신학연구과 학생이나 목회연구과 학생이나 모두 모아서 함께 가르칠 수밖에 없는 형편이었기 때문이다.

1980년 3월 제1학기가 시작되었다. 교수들이 학급에 들어갔을 때 놀랄 수밖에 없었다. 왜냐하면 입학시험에 불합격된 자격 없는 40여 명이 교실에 모두 앉아 있었기 때문이다. 자초지종을 알아보았더니 40여 명이 나중에 목회연구과로 모두 입학 허락을 받은 것이다. 신학연구과에 속한 교수들은 이런 사실을 전혀 모르고 있었다. 그래서 우리 교수들은 할 수 없이 1학기 강의를 하고 학기말 시험을 치렀다. 아니나 다를까 40여 명의 학생이 여러 과목에서 낙제를 하였다. 한 학생은 그때 신반포에 살았던 김명혁 교수 집을 찾아와 사과 한 박스를 선물로 두고 갔는데 나중에 보니 사과 박스 속에 돈 봉투가 들어 있었다. 그래서 김명혁 교수가 사과는 기숙사 학생들에게 나누어 주고 돈은 학교로 기부한 것으로 기억된다. 그리고 나에게는 "교수님, 교수님이 점수를 주지 않아도 우리는 정치적으로 입학했으니 정치적으로 졸업할 것입니다"라고 낙제한 학생이 당당하게 말하는 것이 아닌가? 그렇게 해서 1학기를 마치고 여름 방학에 들어갔다.

박정희 대통령이 1979년 10월 26일 시해된 이후 전국은 계속 불안한 상태에 있었다. 총신대학원(사당동에만 캠퍼스가 있었음)도 이사진들에 대한 데모가 계속되고 있었다. 그리고 1980년 2학기가 시작되었다. 2학기에도 데모는 간간이 진행되고 있었고 이사들은 교수들에 대한 불만이 있어서 몇몇 교수들을 총장실로 불러 심문하기까지 하였다. 이즈음에 김희보 총신대학 학장은 사표를 냈고, 김득룡 교수도 학생들의 반대로 학교를 떠났다. 총신대학교는 학교 외적인 상황과 학교 내부의 상황으로 데모가 거듭되고 있었다. 결국 총신대학교 신대원 교수는 신복윤, 차영배, 김명혁, 윤영탁, 박형용 등 5명만이 남아 있을 정도로 사태가 심각했다. 다섯 교수 중 이영수 목사님과 가까운 사이인 차영배 교수를 제외하고 네 교수는 총신대학교가 교회 정치가들의 손에서 자유롭게 되기를 소망했다.

학교의 상황이 심각한 지경에 이르자 이사회는 학교의 수습을 위해 미국에 계셨던 박윤선 박사님을 대학원장 서리로 모시게 되었다. 박윤선 목사님은 말씀 강론을 통해 총신대학교의 영적 회복과 분위기 쇄신을 위해 많은 노력을 기울이셨다. 그리고 박윤선 목사님은 그 당시 합동 측 리더인 이영수 목사와 그를 추종하는 목사님들에게 바로 설 것을 직언하셨다. 박윤선 목사님의 직언을 들은 그들은 박윤선 목사님을 가리켜 "노망한 늙은이"라고 말하면서 자신들의 욕심을 내려놓지 않았다.

네 명의 교수의 사표 제출

1980년도 총신은 국내 정치적인 상황과 교단 정치인들의 횡포로 인해 정상적으로 수업이 진행되지 않고 있었다. 박윤선 박사님과 네 교수는 총신대 신대원을 정상화하려고 노력했으나 역부족이었다. 교단 정치인들의 횡포는 날로 더해만 갔다. 도저히 신앙 양심적으로 교육할 수 없는 상황에 이르자 신복윤, 김명혁, 윤영탁, 박형용 네 교수가 1980년 10월 초에 앞으로의 진로를 결정하기 위해 충청남도 도고에 있는 관광호텔로 떠났다. 우리 네 교수는 관광호텔의 2층 한쪽 구석방에서 우리들의 진로 문제를 놓게 심각한 기도를 드렸다. 우리들의 결론은 총신대학원 교수직을 사직하고 목회를 하든지 다른 일을 찾아보자는 것이었다. 수십 년 공부하고 준비한 사람들이 비양심적으로 가르치는 삶을 이어 갈 수는 없다는 결론이었다. 그래서 네 사람은 교수직 사직의 이유를 작성하여 서울로 올라와 학교에 사직서를 제출하고 학생들에게 학교를 떠난다는 소식을 전했다. 네 교수는 학교를 떠나면서 박윤선 박사님의 방에 들러 사직서를 제출했다는 사실을 처음으로 말씀드렸다. 박윤선 박사님은 안타까워하시면서도 우리를 막지는 않으셨다. 교회 정치가 신학교의 학사행정까지 간섭하는 일이 벌어져 결국 1980년 10월 23일에 5명의 교수 중 4명의 교수가 사임하게 된 것이다. 네 교수가 총신대학원을 떠날 때 다른 신학교를 하겠다는 생각은 없었다.

박윤선 목사님과 함께 한 네 교수

국무성과 궁무성의 일화

사표를 제출한 네 교수가 정들었던 사당동 총신대학원 캠퍼스를 뒤로하고 떠날 때 시간이 마침 저녁때가 되어 함께 저녁을 먹고 헤어지기로 했다. 식사 장소는 우리가 평소 알고 있었던 방배동 카페 골목의 한쪽 끝에 있는 궁무성이라는 중국음식점이었다. 그런데 여기서 한 가지 웃지 못할 해프닝이 벌어졌다. 우리 네 사람이 각자의 집에 전화하여 저녁을 먹고 집에 가겠다고 연락을 한 것이다. 김명혁 교수를 제외하고 우리세 사람은 별문제 없이 연락되었다. 그런데 김명혁 교수가 집으로 전화하면서 지금 궁무성에 와 있다고 하자, 전화를 받은 사모님이 소스라치게 놀라는 것이다. 그 이유는 이전에 김명혁 교수가 북한에 살아계신 어머니에게 편지를 했는데 그것이 중앙정보부에 인터셉트되어 남산에 위치한 중앙정보부 조사실에 불려가 곤욕을 치른 적이 있었기 때문이다. 김명혁 교수가 궁무성에 있다고 하자, 사모님은 또 남편이 중앙정보부에 끌려갔나 보다 라고 생각을 한 것이다. 잠시 후 오해가 풀리기는 하였지만 "궁무성"(국무성으로 들림) 이름 때문에 놀란 가슴을 쓸어안은 일이 벌어진 것이다. 저녁 식사를 마치고도 우리 넷은 헤어지고 싶은 생각이 별로 없어서 그냥 남산 한 바퀴를 드라이브하고 밤늦게 각각 귀가하였다. 이렇게 하여 우리 네 교수는 총신대학원을 떠나게 된 것이다. 나는 다른 세 교수보다 더 착잡한 마음을 금할 수가 없었다. 왜냐하면 나는 신학을 공부할 때 바로 이 사당동 캠퍼스에서 3년을 보냈고 이제 모교에 돌아와 후학들을 가르칠 수 있었는데 사표를 내고 모교를 떠나게 되었기 때문이다. 나는 이모저모로 정들었던 모교의 교정을 뒤로하고 기약 없는 발길을 옮긴 것이다.

4
겨울철의 성숙

"하나님이 모든 것을 지으시되 때를 따라 아름답게 하셨고
또 사람들에게는 영원을 사모하는 마음을 주셨느니라."

(전 3:11)

1980년 빼빼로 데이(1111 day)에
설립된 합동신학교

　　네 교수가 사임하고 총신대학교 신대원을 떠날 때 그 당시 총신대학원의 학생은 대략 600명이 좀 넘는 상태였다. 그런데 네 교수의 사임으로 공백 상태가 오자 약 300명의 학생이 총신을 뛰쳐나와 반포에 소재한 남서울교회의 홍정길 목사에게 찾아가 신학교의 강의를 위해 교회당을 빌려달라고 요청하여 홍 목사의 허락을 받았다. 그리고 학생대표가 우리 네 교수에게 찾아와 자신들도 총신신대원을 떠났으니 자신들에게 강의를 해달라고 간청하였다. 그래서 우리 네 교수들은 김명혁 목사가 담임으로 있는 강변교회에서 2주간 신학 특강을 하고 많은 사람과 의논을 한 연후에 1980년 11월 11일 합동신학교를 설립하게 되었다.

　홍정길 목사는 합동신학교가 남서울교회당을 사용하므로 많은 불편을 겪었다. 남서울교회의 담임목사 실은 교장실, 교수실, 도서관, 사무실 겸용으로 사용되었고 홍정길 목사는 합동신학교가 현재의 수원 캠퍼스로 옮기는 1985년 3월까지 자신의 방을 합동신학교에 양보하고 안정된 목회를 하지 못했다. 홍정길 목사는 이처럼 대의를 위해 자신을 희생하는 목사였다. 돌이켜 보면 합동신학교가 누릴 수 있는 공간은 참으로 협소했지만, 그때가 참 즐거웠고 기뻤던 것으로 기억된다. 합동신학교 초창기에 우리와 함께 뜻을 같이한 교수들은 박윤선 목사님과 우리 네 교수들을 포함하여 옥한흠 목사, 최낙재 교수, 윤남중 목사, 유영기 교수, 이만열 교수, 손봉호 교수 등의 귀한 교수님들이셨다.

　박윤선 박사님은 우리 네 교수가 총신대학원을 사임한 후 얼마 있다가 총신을 사임하시고 미국 로스앤젤레스(Los Angeles)로 가 계셨다. 그래서 합동신학교가 시작할 때 박윤선 목사님은 직접 참여할 수 없었다. 1980년 11월 11일 합동신학교 설립예배의 순서지에는 박윤선 박사님이 축도하신 것으로 인쇄되어 있으나 실상은 박윤선 박사님이 로스앤젤레스에 계셨기 때문에 정작 설립예배에는 참석하시지 못했다. 박윤선 박사님은 합동신학교 이사회의 결의로 원장으로 수고해 달라는 초청을 받고 개교한 지 약 한 달이 지난 후에야 우리와 합세하게 되었다. 그 당시 합동신학교의 설립일을 11월 11일로 잡은 것은 후세의 사람들이 기억하기 좋게 하기 위한 결정이었다. 그 당시 상황으로 다른 날을 설립일로 정할 수 있는 형편이었다. 그런데 나중에 이날이 "빼빼로 데이"로 명명되었다.

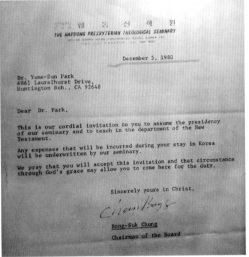

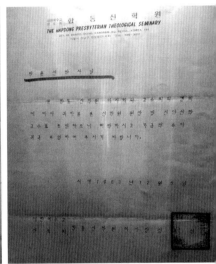

박윤선 박사님을 합동신학원 원장으로 초청한 이사장의 편지

기네스북에 오를 수 있는
합동신학교 개교기념일

중국은 2008년 베이징 올림픽을 개최하면서 자신들이 좋아하는 숫자인 8을 여섯 번 나열하도록 만들었다. 2008년 8월 8일 8시 8분 8초에 올림픽 개최 선언을 한 것이다. 그런데 합동신학교는 더 좋은 기회가 기다리고 있었다. 2011년 개교기념 예배를 특별하게 운용하면 100년에 한 번 오는 기회를 살리는 것이다. 나는 합동신학대학원대학교 총장이신 성주진 총장에게 2011년 합동신학대학원 개교기념일 훨씬 전에 한 가지 제안을 했다. 금년 합동신학대학원 개교기념일은 신문사에도 연락하고 기네스북 담당자에게도 연락한 후 2011년 11월 11일 11시 11분 11초에 개교기념 예배를 시작하라고 하였다. 이는

100년에 한 번 돌아오는 기회라고 하였다. 그렇게 되면 1자가 12번 나오게 되어 기네스북에 오를 수 있다고 하였다. 그런데 어찌 된 일인지 2011년 합동신학대학원 개교 기념 예배는 11월 10일에 드렸다. 어쩌면 앞으로 약 100년 후 주님이 그때까지 오시지 않는다면 그때의 합동신학대학원 총장이 2111년 11월 11일 11시 11분 11초에 개교 기념 예배를 드림으로 1이 13번 연속되는 기록을 만들기를 기대해 본다.

시간, 나무가 되다 : 거목이 된 한 순례자의 시간

개혁신학교 vs 합동신학교

합동신학교가 1980년 개교될 때 학교의 명칭을 처음에는 "개혁신학교"로 하는 것이 좋겠다고 생각하는 사람들이 많이 있었다. 그도 그럴 것이 우리가 사표를 제출하고 나온 총회와 신학교에 개혁할 일이 너무 많이 있었기에 그런 생각을 할 수밖에 없었다. 그러나 박윤선 박사님을 포함한 우리는 모두 언젠가는 학교가 다시 합동되기를 원하는 마음으로 학교 명칭을 "합동신학교"로 결정했다. 그리고 총신대학교가 총회 직영신학교이기 때문에 총회의 정치가 여과 없이 신학교로 직접 들어오는 것을 목격하고 우리는 합동신학교와 총회의 관계를 인준 관계로 유지되기를 원했다. 이런 생각은 합동신학교를 시작한 여러 교수가 미국의 웨스트민스터신학대학원

(Westminster Theological Seminary)에서 수학했는데 웨스트민스터신학대학원이 정통장로교회(Orthodox Presbyterian Church)와 인준 관계로 서로 존중하며 협력하는 아름다운 관계를 유지하고 있는 것을 체험했기 때문이었다.

그런데 합동신학교가 1980년 11월 11일 설립될 당시는 합동신학교를 도와줄 교단이 존재하지 않았다. 1979년 9월 대한예수교장로회(합동) 총회가 주류와 비주류로 나누어진 후에 주류 측은 총신대학교를 운영하고, 비주류 측은 박아론 박사를 교장으로 모시고 방배동에서 총회신학교를 운영하고 있었다. 합동신학교 설립 당시 교수들이 생각한 인준 제도는 현재도 대한예수교장로회(합신, 처음에는 개혁이었음) 총회와 합동신학대학원대학교가 법적으로는 인준 관계로 남아 있으면서 실제적으로는 총회의 직영신학교처럼 서로 협력하며 잘 운영하고 있다.

육(6)평 안에서의 즐거운 나날

이미 언급한 것처럼 합동신학교는 1980년 11월 11일 개교하였다. 서울시 서초구 신반포에 있는 남서울교회(홍정길 목사)당을 빌려서 사무실과 교실로 사용하고 있는 형편이었다. 결국, 합동신학교는 담임목사이신 홍정길 목사의 방을 빌려 사무실로 사용했다. 담임목사의 방의 크기는 약 6평 정도 되는 공간이었다. 그 좁은 공간 안에 원장실, 교수실, 강사실, 사무실, 도서관, 휴게실이 함께 있었다. 합동신학교가 1985년 수원으로 이사하여 정착하기까지 4년여 기간 동안 우리는 좁은 공간에서 지내야 했다. 방 중앙에 책상을 3개 정도 배열하고 직원들이 사무를 보았고, 한쪽 벽 옆에 나무판자로 만든 일자형 의자를 놓고 거기에서 교수들은 휴식하고 강의 시간을 기다

리기도 했다. 그리고 방의 삼면에 책장을 세우고 거기에 기증
받은 책들을 정돈하여 도서관 역할을 하게 했다. 비록 좁은 공
간이었지만 교수들과 강사들 그리고 직원들은 즐거웠고 행복
했다. 기쁨과 행복이 꼭 돈이 많고 공간이 넓은 곳에서 찾아지
는 것은 아니다. 비록 공간이 좁을지라도 그 안에서 활동하는
사람들이 마음이 통하고 서로를 위하는 마음이 있을 때 기쁨
이 있고 행복이 있는 것이다. 지금 합동신학대학원대학교는
훌륭한 본관 건물, 아름다운 생활관 건물, 독립된 도서관 건물
이 있고, 한 교수의 교수실이 8평 정도 되기 때문에 초창기의
합동신학교의 형편과 비교하면 비교 자체가 되지 않는다. 하
지만 초창기의 합동신학교에 속한 사람들은 비록 공간은 좁
았지만 매일 매일 웃고, 즐거움을 누리면서 지낼 수 있었다. 합
동신학대학원대학교에 속한 모든 사람들이 초창기의 합동신
학교 정신을 이어받아 매일 기쁨과 즐거움의 시간을 보냈으
면 한다.

대한예수교장로회 '개혁 측'과 '보수 측'의
합동시도

1980년 11월은 박정희 대통령이 1979년 10월에 시해되고 전두환 장군이 국보위를 조직하여 나라를 다스리다가 간선으로 대한민국 제11대 대통령(1980. 8. 27-1981. 2. 25)이 되어 통치하고 있을 때이다. 전두환 대통령은 제12대 때도 간선으로 대통령에(1981. 2. 25-1988. 2. 24) 당선되었다. 그런데 전두환 대통령의 집권 초기에 교회에 대한 시책으로 한 교단에 한 신학교만 인정하겠다는 정책을 발표하였다. 그런데 1979년 9월 총회에서 주류 측과 비주류 측으로 나누일 때 양쪽 어디에도 참여하지 않고 남아 있으면서 양쪽이 다시 합동하도록 노력한 그룹이 있었다. 이 그룹을 중립 측이라 불렀다. 중립 측은 대략 230개 교회로 형성되어 있었는데 이 중립 측이 정부가 발표한 신학교에 대한 시책을 듣고 총회를 구성하여 합동신학교를 돕기로 한 것이다. 그래서 중립 측 교회들이 1981년 총회를 형성하고 그 이름을 대한예수교장로회〔개혁〕이라고 붙였다. 1959년 세계교회협의회(WCC) 문제로 한국의 장로교회가 대한예수교장로회(합동)과 대한예수교장로회〔통합〕으로 분열한 지 20년 만에 1979년 대한예수교장로회〔합동〕의 분열로 대한예수교장로회〔합동〕과 대한예수교장로회〔보수〕로 나누이고, 1981년 중립 측 교회가 대한예수교장로회〔개혁〕을 설립함으로 소위 합동 측 교회가 세 갈래로 나누이게 되었다.

그 후 대한예수교장로회〔보수〕총회와 대한예수교장로회〔개혁〕총회 사이에 지속적인 합동의 노력이 진행되었다. 왜냐하면, 대한예수교장로회〔개혁〕총회와 관계가 있는 합동신학교는 점점 자리를 잡아가고 인정을 받아 가고 있는 반면, 대한예수교장로회〔보수〕총회의 신학교는 지리멸렬한 상태에 있게 되어 보수 측 쪽에서 합동에 더욱 박차를 가하고 있었다. 이런 와중에 대한예수교장로회〔개혁〕총회 내에서 합동을 찬성하는 그룹과 합동을 반대하는 그룹으로 나누이게 된다. 그 당시 합동을 찬성하는 그룹은 남서울노회를 중심으로 개혁 측 내의 호남에 뿌리를 둔 교회들과 사랑의 교회 옥한흠 목사의 생각처럼 주류 측과 어깨를 나란히 하며 발전하려면 보수 측과 개혁 측이 합쳐야 한다는 교회들이었다. 반대로 박윤선 목사님이나 장경재 목사님과 같은 분들은 개혁 측과 합동신학교가 아직 정착도 하지 않았는데 합동하는 것은 바람직하지 않다는 주장이었다. 그런데 이 당시 박윤선 목사님이 보수 측 목사들로부터 양측이 합동하면 보수 측이 숫자상으로 단연 우세하기 때문에 합동신학교를 좌지우지할 수 있을 것이라는 이야기를 듣고 특별히 합동을 강하게 반대하신 것으로 알려졌다.

1984년 9월 18일에 대한예수교장로회〔개혁〕총회가 인천 송월교회(박도삼 목사 시무)에서 회집되었다. 송월교회에서 모인 개혁 측 총회에서 보수 측과의 합동 문제로 심각한 논의들이 있었고 결국 결론을 내리지 못하고 보수 측과 더 접촉하기 위해서 정회하기에 이른다. 반면 대한예수교장로회〔보수〕총회는 개혁 측 총회와 합동하기로 이미 결의를 한 상태였다. 그런데 개혁 측 총회가 정회 상태에 있을 때 개혁 측 내의 남서울 노회와 호남 측 목사님들 일부가 보수 측과 협의해서 대한예수교장로회〔보수〕총회와 대한예수교장로회〔개혁〕총회가 1985년 3월 25일에 전주 서문교회(서은선 목사)에서 합동한다는 광고를 기독교 신문에 발표하였다. 이 당시 보수 측과 개혁 측의 합동은 총회 대 총회의 합동이 아니요, 개혁 측 일부 교회가 보수 측 총회로 흡수된 것이나 다름이 없다. 그리고 보수 측과 개혁 측 일부가 합동 총회로 모여 그들의 총회 이름을 대한예수교장로회(개혁)이라고 붙였다. 이제 대한예수교장로회합동 측, 보수 측, 개혁 측으로 나누어져 있던 교회의 판도가 대한예수교장로회 합동 측, 개혁 측(전 보수 측), 개혁 측(원래 개혁 측)으로 분리되게 되었다.

그런데 세상의 질서나 매스컴은 진리냐 비 진리냐에 관심이 별로 없고, 옳으냐 그르냐에 별로 관심이 없다. 대한예수교장로회(보수 측)이 개혁 측과 합동하여 스스로 대한예수교장로회(개혁 측)이라고 명칭을 결정함으로 국내의 기독교 미디어들이 이제는 개혁 측 하면 으레 보수 측과 합동한 개혁 측을 가리키는 상황이 되었다. 이런 상황이 한동안 지속되는 것을 지켜본 합동신학교와 관계를 맺고 있는 대한예수교장로회(개혁) 측 총회가 그들의 이름을 대한예수교장로회(합신)으로 바꾸어서 이제는 대한예수교장로회 합동 측, 개혁 측, 합신 측으로 정착이 되었다.

사랑의교회 옥한흠 목사는 보수 측과 개혁 측 일부가 합동하는 모임에 참여하지 않고 있다가 얼마 후에 대한예수교장로회(합동) 주류 측 총회로 다시 가입하였다. 옥한흠 목사는 보수 측과 개혁 측의 합동을 찬성했지만, 개혁 측 일부가 그것도 개혁 측 내의 일부 호남 교회들이 보수 측에 흡수되는 합동에 참여할 수 없었을 것이다. 또한 보수 측과 개혁 측의 합동을 추진하면서 박윤선 목사님과 심각하게 대립각을 세웠는데 남아 있는 개혁 측에 그대로 남기도 껄끄러웠을 것이다. 그래서 결국 사랑의교회와 옥한흠 목사는 합동 측으로 다시 가입할 수밖에 없었을 것으로 사료된다.

이제 개혁 측의 많은 교회가 보수 측으로 넘어갔기 때문에 합동신학교는 더 작은 총회의 후원을 받을 수밖에 없는 형편에 놓이게 되었다. 게다가 합동신학교는 정부의 인가를 받아야 하고, 학교의 대지를 구매해야 하고, 또 교사를 건축해야 하는 막중한 일들을 앞에 두고 있었다.

기적적으로 정부 인가를 받은 합동신학교

합동신학교가 정부의 인가를 받는데 숨겨진 이야기가 있다. 전두환 장군이 대통령으로 당선된 직후 정부로부터 인가를 받는 것은 참으로 하늘의 별 따기와 같았다. 정부의 인가를 받기 위해서는 우선 교지가 마련되어야 한다. 합동신학교는 한 평의 땅도 소유하고 있지 않았다. 그런데 하나님은 합동신학교를 위해 미리 준비하고 계셨다. 합동신학교가 남서울교회에 자리를 잡은 것부터가 그 증거이다. 정부인가를 위해 교지가 필요한 것을 알고 남서울교회 장로님이셨고 합동신학교 이사회의 이사장이셨던 정봉석 장로(부인: 김철저 권사)께서 현재 과천에 있는 백운호수 위쪽에 위치한 7,000여 평의 땅을 합동신학교에 기증해 주셨다. 합동신학교는 그 땅을 학교 대지로 삼아 정부에 인가신청을 하였다. 정봉석(정청명) 장로가 이 땅을 합동신학교에 기증하게 된 이유는 홍정길 목사의 영향이 있었기 때문이다.

이제 합동신학교가 정부로부터 각종학교의 인가를 받게 된 뒷이야기를 더듬어 보도록 한다. 합동신학교가 정식으로 각종학교의 인가를 받을 때 정봉석 장로의 공로가 컸던 것을 기억한다. 우선 정봉석 장로는 학교의 대지로 과천의 7,000평을 기증하셨다. 합동신학교는 기증받은 대지 7,000평을 근거로 교육부(당시 문교부)에 학교설립 인가를 신청하였다. 그 당시 알려진 바로는 문교부가 학교의 인가를 허가할 때는 국방부 및 건설부와 협의하여 신청한 대지의 위치에 학교를 설립해도 무방한지를 먼저 확인하고 인가를 허가하였다. 그런데 문교부는 이런 과정을 거쳐 과천의 7,000평 위에 합동신학교를 설립해도 좋다는 인가를 했다.

그리고 또 한 가지 특이한 것은 정봉석 장로께서 박정희 정권 때부터 협동장로의 직분으로 육군사관학교 교회를 지속해서 도왔다. 그 과정에서 많은 현직 장교들을 알게 되었다. 그런 이유로 전두환 정권이 들어설 때 중심적인 역할을 한 장교들을 많이 알고 있었다. 그중에 그 당시 전두환 정권의 중요한 역할을 맡은 이학봉 대령도 포함되어 있었다. 이런 인연으로 이

사장 정봉석 장로, 교장 박윤선 박사의 이름으로 인가신청을 낸 합동신학교는 신설된 신학교라는 불리한 형편에 있었지만 학교설립 인가를 받게 된 것이다(1982년 4월 30일 자). 물론 전국 교회가 기도했고 미국의 여러 국제기관이 합동신학교를 위해 정부에 청원서를 냈다. 가장 큰 원인은 하나님의 뜻 아래서 성취된 것으로 생각한다. 하지만 하나님은 합동신학교의 기초를 위해 정봉석 장로를 사용했다고 믿는다. 이와 같은 일들이 홍정길 목사가 남서울교회 목사가 아니었다면 불가능한 일이었다고 생각한다.

그런데 합동신학교가 과천의 7,000평 위에 교실을 건축하려 하자, 국방부가 이의를 제기해 왔다. 우리의 상식으로는 정부가 학교의 인가를 허가할 때 문교부, 국방부, 건설부가 의논을 거친 뒤 허가하는 것으로 알고 있었다. 그런데 정작 학교 건물을 지으려 하자 국방부가 반대한 것이다. 나중에 알려진 사실은 합동신학교 대지 위쪽에 즉 관악산 밑자락에 국방부의 중요한 기관이 있기 때문에 그 앞에 학교 건물을 세울 수 없다는 것이었다. 그래서 문교부는 합동신학교가 인가받은 곳이 수도권이기 때문에 수도권 내에서 다른 장소를 찾아보라고 통지를 보내왔다. 합동신학교는 과천의 7,000평을 기증하신 정봉석 장로님에게 돌려주었다.

이때부터 합동신학교 교수들과 개혁 측 목사님들은 수도권 내에서 대략 40여 곳의 학교 대지를 찾아다녔다. 나는 40여 대지 중 두 대지가 호감이 가는 학교 대지로 아직도 기억에 남아 있다. 첫 번째 대지는 경기도 화성시 봉담 지역 근처에 소재한 대지인데 이 대지는 대략 5만 평이었고, 당시 1억 원을 땅값으로 요구하고 있었다. 이 대지는 근처에 도로가 없는 상황이었지만 앞으로 대지 옆으로 공공 도로가 생길 것이라는 의견이 지배적이었다. 합동신학교 교수들로는 돈이 전혀 없어 모금해서 땅값을 지불해야 할 형편이었기 때문에 이 대지의 값에 매력을 느꼈다. 하지만 현실적으로 학교 대지에 이르는 도로가 없는 상황에서 이 대지에 관심을 둘 형편이 아니었다. 후에 이 대지 옆으로 공공 도로가 개설된 것으로 알려졌다. 두 번째 대지는 안성 평택 나들목에서 나와 안성시(당시 안성읍)를 지나 증평 쪽으로 가다가 오른쪽에 위치한 약 17만 평 규모의 학교 대지였다. 이 대지는 어느 회사 사장님이 은퇴 후의 삶을 위해 마련한 땅이었다. 그 대지에는 이미 1억여 원을 들여 건축한 살림집이 한 채 있었고, 양어장 3개가 축조되어 있었으며, 그리고 허름한 축사 몇 개가 있었다. 이 대지는 산세가 수려하여 장끼와 까투리가 자주 눈에 띄는 그런 장소였다. 소유주이신 사장님은 이 대지를 4억 원에 팔기를 원했다. 합동신학교

이사님들과 교수들은 안성의 이 대지에 매력을 느꼈다. 그래서 신학교 당국자들은 학교에 모아 둔 돈이 없어서 대금 지불 방법을 길게 잡으려고 노력했고, 땅 주인인 사장님은 계약금, 중도금, 잔금의 형식으로 땅값을 받기 원했다. 이런 양방의 형편 때문에 계약 성사는 지연되고 있었다.

여기서 학교 대지로 염두에 두었던 안성의 17만 평 땅과 관련하여 나의 마음속에 있던 흥미 있는 이야기를 할까 한다. 나는 합동신학교를 안성 근처로 옮기는 것을 찬성할 수가 없었다. 왜냐하면, 모든 교수가 안성에서 살 수 있는 것도 아니요, 학생들의 교통편도 대단히 불편할 것이며 또 합동신학교가 넉넉하여 모든 학생을 기숙하게 할 생활관 시설을 완벽하게 만들 상황도 아니었기 때문이다. 그래서 나는 내심 합동신학교가 안성에 정착하는 것을 반대하고 있었다. 그리고 나는 합동신학교가 안성에 정착하면 전국적인 신학교가 될 수 없고 지방 신학교 정도로 머물 수밖에 없다고 생각하여 안성의 대지 선택을 적극적으로 수용할 수 없었다. 그런데 어느 날 나의 생각이 바뀌는 계기가 있었다.

합동신학교가 남서울교회당을 교실로 사용하고 있을 때 내가 김포공항을 가야 할 일이 생겼다. 그때 나는 포니 1(현대)을 타고 다녔다. 남서울교회당 앞에서 김포공항에 가야 한다고 말하자 남서울교회의 한 집사님이(집사님의 성함을 기억하지 못해 송구스럽다) 자신도 김포공항에 가야 한다고 하면서 나에게 태워 달라고 부탁했다. 나는 기꺼이 태워 드리겠다고 말하고 남서울교회당에서 흑석동을 거쳐 김포 공항으로 향했다. 그런데 흥미 있는 대화가 진행되었다. 우리가 흑석동 국립현충원 옆을 지나갈 때 집사님이 하시는 말씀이 "내가 이 장소가 참으로 좋은 장소라고 생각했는데 국립현충원이 들어섰다"는 말씀을 하셨다. 그리고 얼마 후 여의도 옆길을 지나가는데 집사님이 "내가 여기 샛강을 막아서 유용하게 사용해야 한다고 생각했는데 정부가 이제야 그 일을 시작한다"고 말했다. 실제로 그 당시 신문 지상에서 여의도 샛강을 막아 다른 용도로 쓴다는 기사가 있었다. 그 후 얼마 있다 우리가 화곡동 근처를 지나갈 때 집사님이 하시는 말씀이 "내가 땅 보는 안목이 있기 때문에 내 친구가 집을 구하기 위해 어느 집을 정해놓고 나에게 조언을 구했다"고 한다. 그래서 집사님이 그 집을 둘러본 후 친구에게 이 집을 사라고 권면을 했다고 한다. 그러면서 집사님이 친구에게 지금은 이 집 옆으로 큰길이 없지만 앞으로 얼마 있으면 이 집 옆으로 큰 길이 생길 것이니 집의 가치가 크게 올라갈 것이라고 말해 주었다고 한다. 그런데 그 친구가 그 집을 구매한 후 얼마 안 되어 그 집 옆으로 큰 길이 생겼고 그 집의 가치가 폭등하게 되었다고 말하는 것이다.

그 당시 합동신학교 이사님들과 교수님들의 머릿속에는 앞으로 이사 갈 학교의 새로운 대지를 사는 일로 가득 차 있었다. 그리고 그 당시 합동신학교는 안성읍 옆에 있는 17만 평을 구매하기 위해 지불 방법에 대해 계속 협상하고 있는 상황이었다. 그리고 나는 이미 언급한 이유를 근거로 안성 쪽으로 가는 것을 찬성하지 않은 상태였다. 합동신학교가 교지 문제로 이런 형편에 처해 있는 것을 전혀 모르는 집사님이 위와 같이 땅에 대한 해박한 지식을 나에게 나타내 보인 것이다. 그래서 나는 집사님에게 유도 질문을 하였다. 그 질문은 "집사님이 지금 신학교를 시작한다면 어디에 학교를 설립하시겠는가?"였다. 나의 이런 유도 질문을 받고, 집사님은 전혀 망설이지 않고 "이천이나 안성에 하는 것이 좋습니다."라고 말하는 것이 아닌가! 이 말을 듣고 나는 학교의 안성 위치에 관한 생각을 바꾸게 되었다.

그러나 합동신학교가 재정적으로 어려운 형편에 있어서 안성 땅값을 지급하는 문제로 협상이 계속 지연되고 있는 가운데 현재 합동신학교가 있는 수원의 대지에 대한 정보를 입수하게 되었다. 수원의 대지는 정확히 22,753평 되는 크기였다. 수원의 지가(地價)는 안성의 17만 평의 값과 같은 약 4억이었다. 비록 땅이 안성에 비해 작지만, 합동신학교 관계자들은 수원 땅을 매입하기로 작정하였다.

수원의 학교 대지 매입과 하나님의 간섭

합동신학교는 학교 대지를 매입할 수 있는 재정이 확보된 상태가 아니었기 때문에 대지 매입에 신중에 신중을 기하였다. 그런데 수원에 토지개발공사가 소유한 대지가 매입대상으로 대두된 것이다. 그래서 합동신학교 관계자들은 거리가 먼 안성의 17만 평의 대지보다도 수원의 2만 2천 평의 대지를 매입하기로 하였다. 합동신학교 관계자들은 있는 돈 없는 돈 모두 끌어모아 계약금을 마련하고 수원에 있는 토지개발공사 사무실에 수원의 땅을 계약하기 위해 서울에서 수원으로 떠난다고 연락을 하였다. 그리고 여러 채널을 통해 토지개발공사가 우호적인 생각을 하도록 노력을 하였다. 그 하나로 기억되는 것은 후암교회 장로님이셨던 김일환 장로님이 계셨는데 후암교회에서 잠시 선교 목사로 봉사한 경험이 있는 김명혁 교수가 김일환 장로님에게 연락하여 토지개발공사에 전화를 넣어 합동신학교 관계자들이 땅의 계약을 위해 수원으로 가고 있음을 알려 달라고 부탁을 하기도 했다.

그런데 합동신학교 관계자들이 수원으로 가고 있는 사이에 커다란 변수가 발생했다. 수원 토지개발공사가 입주해 있는 같은 건물에 그 당시 재무부 산하 감정원이 사무실을 가지고 있었다. 감정원 관계자들은 합동신학교가 매입하고자 하는 대지에 관심을 가지고 있었고 그곳에 재무부 산하 수련원을 마련하면 좋겠다고 생각하고 있었다. 이런 차제에 합동신학교 관계자들이 계약하기 위해 서울에서 수원으로 오고 있다는 소식을 토지개발공사로부터 전해 듣고 감정원이 토지개발공사와 매입계약을 해버린 것이다. 합동신학교 관계자들이 토지개발공사 사무실에 도착했을 때는 이미 학교 대지가 감정원에 매각된 상태가 되어 버렸다.

그래서 성도들이 늘 생각하는 것처럼 합동신학교 관계자들은 합동신학교를 위한 하나님의 뜻이 수원의 대지에 있지 않은 것으로 생각하고 다시 안성의 땅 주인과 매입에 관한 지급 일정을 조율하기 시작했다. 그러나 재정이 없어서 모금하여 땅값을 지급해야 할 합동신학교의 형편과 속히 땅값을 받기 원하는 땅 주인 사이에 쉽게 타결이 되지 않았다. 이런 상태가 대략 일 개월 정도 지났을 때 수원의 토지개발공사로부터 전화가 걸려왔다. 토지개발공사는 합동신학교가 아직도 원하면 수원의 땅을 매입해도 좋다는 것이었다. 그래서 그동안 어떤 변화가 있었느냐고 물으니 토지개발공사의 답은 재무부의 감정원이 대지 개발에 관한 계획을 재무부 본부에 올렸더니 재무부가 지금은 그런 개발을 할 상태가 아니요 그런 계획도 없으니 포기하라는 지시를 받았다는 것이다. 재무부 산하 감정원이 포기하자 토지개발공사는 제일 먼저 합동신학교에 연락했다. 왜냐하면 지난번 땅의 계약을 하려 할 때 토지개발공사가 합동신학교 관계자들에게 많은 실례를 했기 때문이다. 합동신학교가 땅의 매입을 위해 계약차 수원으로 오고 있는 것을 알면서도 국가기관인 감정원의 요구에 어쩔 수 없어 땅의 계약을 허락했기 때문이다.

그래서 합동신학교 관계자들은 좋은 위치에서 토지개발공사와 학교 대지 매입에 대해 거래를 할 수 있었다. 국가기관인 감정원이 반관반민(半官半民)이라고 불리는 토지개발공사의 소유인 토지를 매입할 때 그 값을 최대한도로 낮추어 잡았을 것은 웬만한 사람이라면 짐작할 수 있다. 감정원과 토지개발공사는 한 평(1평)에 2만 원이 안 되는 값으로 계약을 했다.

그래서 합동신학교는 조금 더 깎아 한 평에 약 18,000원 정도에 매입 계약을 할 수 있었다. 학교 대지가 토지개발공사 소유였기 때문에 합동신학교는 계약금, 중도금, 잔금의 방식으로 계약할 필요가 없었다. 모금의 방식으로 돈을 마련하여 땅값을 지급해야 하는 합동신학교로서는 얼마나 다행인지 모른다. 이런 일련의 과정을 볼 때 하나님이 합동신학교가 재정이 없는 것을 아시고 미리 손을 쓰셔서 땅값을 최대로 낮추어 놓으셨다고 생각할 수밖에 없다. 이렇게 하여 매입된 수원 학교 대짓값은 대략 4억 정도였는데 합동신학교가 교회로부터 후원을 받아 땅값을 늦게 지급함으로 땅값으로 전체 지급한 금액은 대략 5억 정도 되었다. 우리가 여기서 주목해야 할 사항은 합동신학교 대지 매입을 위해 헌금한 성도 가운데 주일학교 어린이도 많이 포함되어 있었다는 것이다. 전국의 어린이들의 꼬막 손으로 바쳐진 헌금이 합동신학교 대지 이곳저곳에 보석처럼 박혀있는 것이다.

합동신학교 본관 건축

합동신학교는 1985년에 수원으로 옮겨 학교를 개교할 수 있도록 1982년 4월 30일 정부로부터 각종학교 법인 인가를 받았다. 합동신학교는 이제 학교 건물을 지어 학교 인가를 받아야 한다. 그런데 합동신학교는 이제 겨우 학교 대지를 마련한 셈이다. 이제 그 대지 위에 학교 건물을 지어 학교 인가를 받고 또 학교를 정상적으로 운영해야 한다. 이때에 합동신학교는 학교 교사를 신축할 재정이 확보되어 있지 않았다. 그런데 하나님은 합동신학교 공동체의 기도를 외면하시지 않았다.

노진현 목사님의 주선으로 부산 새중앙교회 (현 호산나 교회)의 권사님이셨던 최삼금 권사님께서 서울 명동에 소유하고 계신 22평 땅을 합동신학교에 기증하신 것이다. 최삼금 권사님은 학교를 생각하셔서 명동 땅을 학교에 곧바로 기증하면 많은 세금이 부과될 것이기 때문에 본인이 그 건물을 팔아서 학교에 현금으로 기증하시겠다고 하셨다. 그래서 건물의 명의가 아직 합동신학교의 소유로 되어 있지 않은 상태였다. 그런데 합동신학교는 빨리 학교 건물을 지어 학교 인가도 받고 수원으로 이사 올 준비를 해야 했다.

합동신학교 본관 건축을 위해 신복윤 박사께서 명지건설 사장을 찾아갔다. 신복윤 박사님께서 명지건설 사장님에게 학교에는 돈이 없지만 명동의 땅을 담보로 학교의 본관을 건축해 달라고 부탁했다. 명지건설 사장이 그 제안을 기꺼이 받아들여 합동신학교 본관의 공사가 시작되었다. 그런데 명동 땅을 명의상 소유하고 계신 최삼금 권사님의 건강이 날로 나빠지고 있었다. 최 권사님은 병을 고치기 위해 미국까지 가서 방법을 강구하였으나 큰 성과가 없었다. 최 권사님의 병은 심각한 상태로 날마다 악화일로에 있었다. 합동신학교의 건축은 거의 완공되었는데 그 당시 정부에서 부동산 매매에 찬물을 끼얹는 정책을 발표한 관계로 명동의 땅은 팔리지 않고 있었고 최 권사님의 건강은 점점 나빠지고 있는 상황이었다. 우리는 만약 명동의 땅이 팔리기 전에 최 권사님이 소천이라도 한다면 큰일이라고 생각하여 최 권사님의 건강과 명동 땅의 매매를 위해 간절하게 기도하곤 하였다. 그런데 하나님은 우리의 기도를 들어 주셨다. 마침 명동의 땅이 팔려서 합동신학교 본관 건축을 위한 대금을 명지건설에 100% 모두 지불하고도 조금 남았다. 그때 우리는 명동 땅의 위력을 실감할 수 있었다. 그런데 하나님은 명동 땅이 팔린 뒤 약 한 달(1개월) 후에 최삼금 권사님을 하늘나라로 데려가셨다. 얼마나 절묘한 타이밍인가? 이는 오직 하나님만이 하실 수 있는 일이다.

이제 합동신학교는 널찍한 대지 위에 아름답게 지어진 본관을 확보하고 수원 시대를 열 수 있게 되었다. 여기까지 오는데 하나님의 특별한 인도와 수많은 사람의 기도와 헌신이 있었다. 박윤선 박사님은 재정적으로 많은 헌신을 하셨고, 합동신학교 교수들도 적은 사례이지만 그것을 아끼지 않고 학교의 미래를 위해 기꺼이 헌신하기도 하였다. 대한예수교장로회(합신) 교단의 리더 목사님들과 모든 성도의 희생적인 기도와 헌신이 없었으면 합동신학교가 수원에 자리를 잡을 수 없었을 것이다. 합동신학교는 이제 명실상부하게 바른 신학, 바른 교회, 바른 생활을 삼대 이념으로 삼고 전진할 수 있게 되었다.

고풍과 현대풍을 조화시킨 매력적인 생활관

합동신학대학원대학교의 생활관은 밖에서 볼 때 아름답게 보인다. 고풍과 현대풍이 어우러진 매력적인 건물로 지상 4층, 지하 2층으로 건평이 1,100평의 건물이다. 생활관 건축을 계기로 합동신학대학원대학교는 1학년 신입생 전체를 의무적으로 생활관에 입사 시켜 목회자로서의 공동체 경험을 하면서 연구에 몰두하도록 지도한다. 물론 특별한 경우에는 예외가 있다. 그런데 어느 해에는 결혼한 지 얼마 안 된 신혼부부가 함께 1학년에 입학을 하였다. 이 신혼부부도 1학년 기간 동안 남편은 남자 숙소에 아내는 여자 숙소에 입사하여 생활하면서 공부를 하였다. 이 신혼부부는 공부할 때는 교실에서 나란히 앉아 공부하고 저녁에는 각자의 방으로 들어간다. 내가 어느 날 이들에게 신혼인데 불편하지 않냐고 질문을 하였다. 답변이 시원시원하여 웃음을 자아내게 했다. 그들의 답변은 합동신학대학원대학교에서는 공부를 화요일부터 금요일까지만 하기 때문에 월요일에 입사하여 금요일까지 공부하고 금요일에 집에 가서 주말부부로 살고 주일에는 교회를 섬기고 월요일에 다시 생활관으로 돌아오니 너무너무 좋다는 것이었다. 사실 학교에서는 1학년만 의무로 생활관에 입사하도록 하지만 학생들은 계속해서 생활관에 남기를 원한다. 합동신학대학원대학교 생활관은 대략 200여 명이 동시에 입사하여 생활할 수 있다.

합동신학대학원대학교의 생활관은 동신주택 사장님이셨던 박승훈 장로님이 현재 서울 강남구 선릉로(역삼동) 557에 소재한 화평교회(이광태 목사) 건물을 네 기관에 기증한 것을 계기로 지어지게 되었다. 네 기관은 화평교회, 영음사, 합동신학대학원대학교, 그리고 일본에서 선교하시는 권재남 선교사였다. 합동신학대학원대학교는 그 건물의 맨 위층을 기증받았는데 후에 화평교회가 그 장소를 매입하는 것으로 하여 그 기금을 출발기금으로 합동신학대학원대학교의 생활관이 건축되기 시작하였다.

합동신학대학원대학교 생활관을 설계할 때 화장실과 세

면실을 양쪽 두 방이 사용할 수 있도록 연결했다. 한 방에 2명만 있어도 아침에 화장실을 사용할 사람은 4사람이 된다. 그래서 교수들이 화장실을 설계할 때 대변기는 두 개를 나란히 앉히고 일을 볼 때 두 사람이 서로 얼굴을 보면서 이야기도 나누고 시간도 절약할 수 있도록 하였다. 소변기는 한 곳으로 하고 세수하는 곳도 한 곳으로 하였다. 그런데 교수들의 생각과는 달리 두 개의 대변기가 동시에 사용되지 않았다. 아무래도 동양인들의 의식 속에 그런 경험을 용납할 여유가 없었던 모양이다. 결국 후에 건물을 보수하면서 화장실을 두 개로 나누어 각 방이 쓸 수 있도록 개선하고 각 방의 화장실에 대변기 하나씩 설치하는 해프닝이 있었다.

이미 언급한 것처럼 합동신학대학원대학교 생활관은 밖에서 볼 때 고풍스럽게 보인다. 그런데 1994년 4월부터 문화방송(MBC)이 아주대학교 의대를 로케이션(location)으로 하여 촬영한 "종합병원" 드라마에서 의사들의 일상을 담은 연속극을 방영하였다. 방송극에서 의사들이 이런저런 문제로 고심할 때면 넓은 베란다 밖으로 나오고 그 광경을 찍을 때 카메라가 합동신학대학원대학교 생활관 쪽을 향하면 생활관의 모습이 참으로 아름답게 보였다. 마치 유명한 유원지의 한 아름다운 장소처럼 보였다. 그래서 그랬는지 어느 날 두 젊은 남녀가 합동신학대학원대학교 생활관을 찾아왔다. 내가 마침 생활관 앞에서 그들을 만나 두 젊은이에게 어떻게 방문했느냐고 물었더니, 그들이 여기가 좋은 호텔인 줄로 알고 찾아왔다는 것이었다. 그래서 내가 웃으면서 이곳은 합동신학대학원대학교 생활관이라고 친절하게 소개하고 내부를 대략 구경시킨 후 돌려보낸 일화가 있다.

합동신학대학원대학교 생활관 뒤쪽에는 학생들이 앉을 수 있는 계단이 마련되어 있어서 가끔 여름에는 그곳에서 야외 강의를 하기도 한다. 그리고 계단 앞에는 족구를 할 수 있는 좁은 공간이 있는데 세 사람이 함께 족구를 할 수 있어서 삼각 족구장이라 부른다. 어떤 경기이든 규칙이 있게 마련인데 이 삼각 족구의 규칙은 현재 태국에서 선교 활동을 하는 하철환 선교사가 만들어 지금까지 사용하고 있다.

합동신학대학원 생활관 전경

변화산 기념 도서관 건축

　내가 합동신학대학원대학교 총장으로 봉직하고 있을 때 변화산 기념 도서관이 건축되었다. 변화산 기념 도서관은 합동신학대학원대학교 본관의 층수에 맞게 4층으로 건축하였고 또한 본관 지붕을 동판으로 처리했기 때문에 도서관 지붕도 같은 동판으로 처리했다. 합동신학대학원대학교는 변화산 기념 도서관(건평 1,700m²/514평)을 건축함으로 한국에 존재하는 교육부 인가받은 대학원대학교로는 유일하게 독립 건물의 도서관을 확보하게 된 것이다. 내가 변화산 기념 도서관 건축과 관련하여 지금 아쉽게 생각하는 한 가지 점은 그때 도서관 건물에 엘리베이터(Elevator)를 설치하지 않은 것이다. 그 당시는 건물이 4층밖에 되지 않고 경제적으로 절약할 수 있었기 때문에 엘리베이터를 설치하지 않은 것이다. 하지만 지금 생각하면 그것은 잘못된 판단이었다. 여하간 변화산 기념 도서관은 2004년 3월 2일에 개관하여 지금까지 학생들의 사랑을 받고 있다.

내가 구태여 변화산 기념 도서관 이야기를 하는 이유는 경기도 광주시 초월읍 전세골길에 위치한 변화산 기도원을 운영하셨던 이영자 원장님과 김정숙 전도사님의 이름을 기억하기 위해서이다. 그리고 변화산 기념 도서관을 정성스럽고 세밀한 관심으로 건축해 주신 다원건설의 이계원 회장(남포교회 장로)의 이름을 기억하기 위해서이다. 이계원 장로님은 많은 이윤을 남기지 않으시고 학교를 위해 도서관을 잘 지어 주셨다. 김정숙 전도사님은 총신대학교 신대원에서 박윤선 박사로부터 배웠고 나의 1년 선배가 된다. 이영자 원장님과 김정숙 전도사님은 한평생 일구어 놓은 변화산 기도원을 아무 조건 없이 합동신학대학원대학교에 기증해 주셨다. 합동신학대학원대학교는 두 분에게 아파트 한 채와 노후를 생각해서 약간의 생활비를 마련해 드렸을 뿐이다. 변화산 기도원은 경기중노회 소속인 한우리전원교회(당시 김훈 담임목사)에 팔았고 그 금액을 모체로 변화산 기념 도서관이 건립된 것이다. 이영자 원장님과 김정숙 전도사님의 헌신이 없었더라면 현재의 변화산 기념 도서관은 존재하지 못했을 것이다. 그리고 이계원 장로님이 세심한 배려로 건축을 진행하지 않았으면 드나들수록 기분 좋은 도서관 건물이 우리 앞에 우뚝 서 있지 않을 것이다.

현재 변화산 기념 도서관은 160석의 열람석과 약 17만여 권의 국내외 신학 도서를 소장하고 있다. 그리고 국내외 신학저널과 학술지 약 200여 종을 구독하여 학생들의 연구 활동을 돕고 있다. 이영자 원장님, 김정숙 전도사님, 그리고 이계원 장로님께 감사의 말씀을 드린다.

한국 지리의 중심과 합동신학대학원대학교

합동신학대학원대학교와 인접한 곳에 국토지리정보원이 있다. 그 주소는 경기도 수원시 영통구 월드컵로92(원천동 111)이다. 합동신학대학원대학교의 현주소는 경기도 수원시 영통구 광교중앙로 50(원천동 산 42-3)이다. 이 두 기관은 서로 인접된 장소에 있다. 나는 왜 국토지리정보원이 여기에 있을까 항상 궁금해하고 있었다. 나는 합동신학대학원대학교의 생활관을 출발하여 뒤쪽 산으로 산책을 하다 보면 합동신학대학원대학교의 경계에 2층으로 된 허술한 작은 망대 같은 것을 보면서 그곳이 한국의 지리와 무슨 연관이 있을 것으로 생각해 왔다. 가끔 그 허술한 망대가 한국의 지리 중심점이라고 소개하고 합동신학대학원대학교의 위치가 한국 지리의 중심에 있다고 말하기도 했다. 이 정보는 확인되지 않은 것이었다.

그래서 이 생각을 확증하기 위해 2018년 5월 31일(목) 내가 직접 국토지리정보원을 방문하였다. 그리고 확인한 것은 그 허술한 작은 망대는 국토지리정보원에 속한 것이 아니요, 도시개발공사에 속한 것으로 알게 되었다. 그리고 합동신학대학원대학교 대지로부터 100여 미터 떨어진 국토지리정보원의 뒷산에 대한민국의 경도와 위도의 원점이 있다는 새로운 정보를 알게 되었다. 내가 직접 가서 확인한 결과 합동신학대학원대학교는 대한민국의 경도와 위도의 원점에서 약 100m 떨어진 장소에 있는 것이다. 그동안 확인하지 않고 합동신학대학원대학교가 한국의 지리 중심에 자리하고 있다고 소개한 잘못을 뉘우친다. 합동신학대학원대학교가 1985년 처음 수원으로 이사할 때는 수원시의 외곽지역에 속한 비교적 조용한 지역으로 약간의 낭만이 있는 그런 곳이었다. 그런데 수원시의 광교 지역 개발로 합동신학대학원대학교는 근처에 경기도청, 검찰청 등 중요한 정부기관이 위치한 지역의 중심에 자리를 잡게 되었다.

대한민국 경도와 위도의 원점

합동신학교의 3대 이념의 진정한 의미

합동신학교가 설립되기 전 한국 교회의 상황은 참으로 참담한 형편이었다. 많은 지도자가 개혁주의 신학은 외치면서도 정작 속 빈 강정처럼 실제로는 개혁주의 신학을 외면하고 있었다. 그런 상황에서 합동신학교가 설립되었기 때문에 학교 설립에 참여한 교수님들의 마음속에 우리는 학교를 올바로 운영해야 하겠다는 다짐들이 있었다. 그래서 초기 교수님들은 학교 설립이념으로 바른 신학, 바른 교회, 바른 생활의 3대 이념 하에 1980년 11월 11일 합동신학교를 시작한 것이다. 여기 "바른"이 세 개씩이나 있기 때문에 우리의 사고의 틀이 좁다거나 배타적인 생각을 하는 것이 아니다. 근래에 너무 "바른"만 주장하다 보니 다른 사람을 비평하는데 빠른 것 아닌가

하는 염려의 소리도 들린다. "바른"이란 "그른," 혹은 "잘못"에 반대되는 개념이다.

학교 설립 당시 교수들이 생각한 "바른 신학"은 하나님을 경외하는 신학(God-honoring Theology)이란 의미로 바른 신학이라 칭하였다. "바른 신학"은 곧 개혁주의 신학을 의미한다. "바른 교회"는 그리스도가 중심이 되는 교회(Christ-centered Church)라는 의미로 바른 교회를 제창하였다. 많은 교회가 사람 중심으로 운영되고 있는 현 세태를 개혁하고자 하는 마음이 담겨 있다. 그리스도는 교회의 머리요, 교회는 그리스도의 몸이다(골 1:18; 고전 12:27). 그러므로 "바른 교회"는 머리이신 그리스도의 뜻에 따라 활동하는 교회이다. 그리고 "바른 생활"은 성령이 충만한 삶(Spirit-filled Life)이란 의미로 사용한 것이다. 바른 생활은 주님을 닮는 생활로 내적인 성결과 겸손의 삶을 살아야 한다는 것이다. "바른 생활"은 성령의 아홉 가지 열매를 맺으며 사는 생활이다. 그러므로 바른 신학, 바른 교회, 바른 생활은 결코 편협한 이념이 아니요, 그리스도의 교회가 삼위일체 하나님의 구원계획을 마음에 새기고 하나님께 감사와 찬송과 영광을 돌리며 다른 사람을 배려하고 자신을 낮추는 삶을 살아야 한다는 넓고 심오한 삼대 이념이다. 이와 같은 삼대 이념이 합동신학대학원대학교가 존재하는 한 계속 확인되고 빛을 발할 수 있기를 소원한다.

여기서 한 가지 덧붙이는 것은 2018년 합동신학대학원대학교가 퓨리탄리폼드신학대학원(Puritan Reformed Theological Seminary)과 양해각서(MOU)를 맺은 후 퓨리탄리폼드신학대학원 뉴스에서 합동신학대학원대학교의 삼대 이념을 영어로 소개하면서 "바른 신학"은 "성경적 개혁주의 신학"(Biblical Reformed Theology)으로, "바른 교회"는 "건강한 개혁주의 교회"(Healthy Reformed Church)로, "바른 생활"은 "하나님 면전에서의 기독교인의 삶"(Christian Life of 'Coram Deo')으로 소개했다는 것이다.

두 학교가 번역한 영어의 표현이 모두 합동신학대학원의 삼대 이념의 뜻을 잘 전달하지만, 퓨리탄리폼드신학대학원의 번역은 좀 더 영어 표현다운 면은 인정되지만, 합동신학대학원대학교의 번역이 더 심중에 와 닿는 느낌이다.

합동신학대학원대학교 삼대이념 표지석

졸업 횟수가 1년 먼저 가는 학교

합동신학교는 전 세계 어느 학교에도 없는 하나의 기이한 기록을 가지고 있다. 그것은 학교의 설립 역사보다 졸업한 학생들의 졸업 횟수가 1년 더 많은 것이다. 2018년 현재 합동신학교 역사는 38년 되었는데 배출한 졸업생의 기수는 39회가 되는 것이다. 왜 이런 기록이 나오게 되었는가?

합동신학교는 1980년 시작할 때 대학졸업자들을 학생으로 받아 3년의 과정을 가르치는 제도였다. 합동신학교는 총신신대원에서 공부하던 1, 2, 3학년이 총신을 떠나 합신으로 왔기 때문에 1980년 개교 당시 1, 2, 3학년이 모두 존재했다. 그러나 합동신학교는 교육부(당시 문교부)인가 없이 무인가로 시작했다. 합동신학교는 학생들이 총신신대원에서 데모 때문에 공부를 제대로 하지 못했기 때문에 겨울 방학 없이 크리스마스 휴가 기간을 제외하고 1980년 12월, 1981년 1월, 2월을 계속 공부하고 1981년 2월 24일 제1회 졸업식을 했다.

그런데 3년제로 운영하던 학사행정이 1984년 12월 21일 교육부로부터 각종학교 4년제 인가를 받아 1985년부터는 4년제로 학제가 바뀐 것이다. 그러나 합동신학교는 고등학교 졸업자를 모집하여 대학교육을 한 것이 아니요, 대학졸업자를 모집하여 계속 3년제로 운영을 하였다. 그래서 학생들은 3년의 과정을 공부하고 4년째 되는 해는 인턴십(internship) 과정으로 강도사 준비를 하고 그다음 해 2월 졸업을 하는 제도로 운영을 하였다. 그러므로 한 학생이 입학해서 졸업식을 할 때까지는 4년이 걸리지만, 실제 공부는 3년만 하는 제도로 운영하였다. 각종학교의 인가를 받은 이후 몇 년이 지나 교육부에서 학력 인정의 인가를 허가해 주겠다고 제안을 했다. 교육부의 학력 인가를 받으면 학사(BA) 졸업장이 없어도 대학원에 진학할 수 있는 혜택이 있었다. 그러나 우리 교수들은 많은 다른 학교들이 학력 인가를 받기 위해 여러 가지 수단을 사용하는 상황이지만 교육부의 학력 인가를 허가하겠다는 제안을 거절하였다. 그 당시 교육부 내에서 회자된 이야기는 많은 학교가 돈 봉투를 가지고 와서 학력 인가를 허가해 달라고 하는데 합동신학교는 학력 인가를 허가하겠다고 하여도 받지 않는다고 하는 웃지 못할 이야기였다. 그리고 교육부 당국자들은 어떻게 대학 졸업자들이 각종 학교에 입학하겠느냐고 의구심을 표현했다. 그러나 우리 교수들은 합동신학교가 학력 인가를 받으면 고등학교 졸업자를 1학년 입학생으로 받아야 하므로 대학 졸업자를 받기 위해 학력 인가를 거절한 것이다. 그래서 합동신학교는 일정 기간 4년제의 학제 하에 3년제 교육을 한 것이다.

그런데 1996년 12월 11일 교육부로부터 대학원대학교 제도인 합동신학대학원대학으로 인가를 받은 것이다. 그래서 1997년부터 3년 제도인 대학원대학교 과정이 시작된 것이다. 그런데 1997년에 대학원 제도로 입학한 학생이 졸업해야 하는 2000년 2월에 이전 각종 학교 제도로 합동신학교를 입학한 4학년과 같은 해에 졸업해야 하는 상황이 벌어졌다. 그래서 합동신학교로 입학하여 4학년이 된 반은 1999년 12월 14일에 20회로 졸업을 시키고, 합동신학대학원대학교 3학년은 2000년 2월 22일에 21회로 졸업식을 했다. 이렇게 하여 같은 겨울에 한 번 있어야 할 졸업식이 두 번 있었기 때문에 학교 설립 역사보다 졸업생 회수가 1년 먼저 가는 학교가 되었다. 2018년 2월 합동신학대학원대학교의 나이는 38세이지만 졸업생 기수는 39회가 된다.

학교 순위 1등과 겸손 또 겸손 그리고 또 겸손

내가 합동신학대학원대학교 총장으로 봉사하고 있을 때의 일이다. 기독신문(합동) 게시판에서 퍼 온 글이 2002년 7월 14일 합동 게시판에 올라왔다. 이 글의 내용은 한국 장로교 신학교 15개 학교의 순위를 정한 것이었다. 이렇게 순위를 결정한 근거는 신학교의 교수진과 학생들의 신학 수준을 근거로 했다고 밝히고 있다. 그리고 다른 근거가 무엇이었는지는 잘 알 수 없다. 하지만 한국 최대의 장로교단인 합동 측 교단 신문에서 다룬 것이기에 특별한 의의가 있음이 분명하다.

본 앙케트(enquete)는 한국 장로교 신학교 순위를 1위에서 15위까지 매긴 것이다. 그런데 합동신학대학원대학교가 그중에서 1위로 선정되었다. 한국 장로교회를 대표하는 거대한 교단의 신학교들을 넘어서서 합동신학대학원대학교가 1위를 한 것이다. 여기서 15개 신학교의 이름은 예의상 밝히지 않지만, 한국 내에 존재하는 거의 모든 장로교 신학교가 다 포함된다.

참으로 하나님께 감사할 일이다. 긴 역사를 가진 것도 아니요, 거대한 교단을 배경으로 가진 것도 아닌 조그마한 신학교인 합동신학대학원대학교를 이렇게 좋게 평가해 준 것은 참으로 감사할 일이다. 그러나 우리는 이렇게 좋게 평가해 준 데 대해 진심으로 감사하면서 더욱더 겸손하고 성실해야 하겠다고 다짐해야 한다. 어거스틴(Augustine)의 제자가 어거스틴에게 사람이 갖추어야 할 가장 중요한 덕목이 무엇입니까? 라고 묻자, 어거스틴이 첫째도 겸손, 둘째도 겸손, 셋째도 겸손이라고 답했다 한다. 그 제자가 다시 겸손이 무엇입니까? 라고 묻자, 어거스틴이 교만의 반대가 겸손이라고 대답했다 한다. 다시 그 제자가 그러면 교만이 무엇입니까? 라고 질문하자, 어거스틴이 자기가 겸손하다고 생각하는 것이 바로 교만이라고 대답했다 한다. 거의 비슷한 내용이 디오스코러스(Dioscorus, AD 410)에게 보낸 어거스틴의 편지에 수록되어 있다. 어거스틴은 디오스코러스에게 최고의 경건을 유지하고 진리를 확고하게 붙들고 살 것을 권면하면서 첫째도 겸손, 둘째도 겸손, 셋째도 겸손해야 할 것을 말하면서 삶의 방향을 물을 때마다 이 말을 계속 반복할 것이라고 덧붙인다. [In that way the first part is humility; the second, humility; the third, humility: and this I would continue to repeat as often as you might ask direction." Cf. Augustine, Letter 118: "To Dioscorus" (AD 410) in *Nicene and Post Nicene-Fathers*, ed. by Philip Schaff Vol. 1 (Peabody: Hendrickson, Pub., 1995), 445-446.]

그렇다. 우리 합신 공동체에 속한 사람들은 항상 겸손으로 무장되어있어야 하겠다. 하나님의 말씀은 "그런즉 선 줄로 생각하는 자는 넘어질까 조심하라"(고전 10:12)라고 가르치고 있다.

"하나님이 가라사대" 시리즈에 담긴 비밀

나는 1980년대부터 몸에 작은 수첩을 가지고 다니면서 감동의 이야기, 행복의 이야기, 지혜의 이야기, 웃음의 이야기, 정보의 이야기 등을 기록하기 시작했다. 나에게 이런 동기를 부여한 것은 내가 박윤선 박사님의 설교 말씀을 듣는 중 마음에 깊은 감동을 주는 말씀을 기록해 두어야 하겠다는 생각에서였다. 그래서 나는 어떤 이의 강연을 들을 때나 설교를 들을 때 그리고 책을 읽을 때나 신문을 읽을 때 감동이 되거나 유익하다고 생각되거나 웃음을 자아내게 하는 내용을 접하면 그것들을 간단히 기록한 후 컴퓨터 앞에 앉아서 정리해 두곤 했다. 그렇게 기록한 것을 잘 정리하여 2002년부터 책으로 출판하기 시작했다. 한 권의 책이 될 만한 자료가 수집되면 책으로 출판하여 2018년까지 7권의 책을 출판하였다. 내가 이런 내용의 책을 출판한 이유는 삭막한 세상에서 살고 있는 우리 모두에게 약간의 기쁨과 웃음과 즐거움을 제공하기 위해서이다. 특별히 예수를 구주로 믿고 사는 성도들은 기쁨과 즐거움을 누리며 사는 것이 우리를 향한 하나님의 의도라고 생각하기 때문이다. 나는 "하나님이 가라사대" 시리즈를 출판하면서 여러 차례 옷깃을 여미며 인생을 돌아보기도 했고, 많은 행복의 감정을 마음에 저축하기도 하고, 아주 즐거워하고 웃기도 많이 했다.

그동안 "하나님이 가라사대" 시리즈로 출판한 책의 제목들은 "하나님이 가라사대, 아니야"(2002), "하나님이 가라사대, 그럼에도 불구하고"(2003), "하나님이 가라사대, 그래, 그거야"(2003), "하나님이 가라사대, 덮어놓고 기뻐하라"(2005), "하나님이 가라사대, 힘내라 힘내"(2008), "하나님이 가라사대, 쉬면서 하거라"(2012), "하나님이 가라사대, 내가 항상 너와 함께 하마"(2018) 등이다. 이제 제7권을 마지막으로 "하나님이 가라사대" 시리즈는 막을 내리려고 한다. 완전수인 7권을 출판하였을 뿐만 아니라 나의 나이를 고려할 때 그만 멈추는 것이 현명한 처사라 생각되기 때문이다. 그동안 "하나님이 가라사대" 시리즈를 출판하는 데 심혈을 기울인 오광석 목사님께 감사의 마음을 전한다. 아무쪼록 이 시리즈를 통해 우리의 삶이 더 풍요해지고, 웃는 얼굴이 더 많아지고, 마음에 기쁨을 저장하는 사람들이 더 많아졌으면 하는 바람이다.

정암 박윤선 박사와 '목사의 딸' 유감

박윤선 박사는 한평생 한국 교회를 위해 살다가 하나님 품으로 가신 분이다. 박윤선 박사는 박형룡 박사와 함께 한국 장로교회의 신학적 기초를 놓으신 분이다. 박형룡 박사는 교의신학 부분에서 신학적 기초를 놓으셨고, 박윤선 박사는 주경신학 부분에서 신학적 기초를 놓으셨다. 박윤선 박사는 마땅히 존경받아야 할 한국 교회의 스승이었음이 틀림없다.

그런데 2014년 12월 다른 사람도 아닌 박윤선 목사님의 딸이신 박혜란 목사께서 "목사의 딸"이라는 제목의 책을 아가페북스 출판으로 내놓았다. "목사의 딸"의 부제는 "'하나님의 종'이라는 이름 뒤에 감춰진 슬픈 가족사"라고 설명이 붙어 있다. "목사의 딸"이 출판되자 한국 교계에 선풍적인 반응이 나타났다. 그 이유는 박윤선 목사님이 한국 교계에 미친 영향이 컸었기 때문이요, 책 속에 예상할 수 없는 가족의 이야기를 담고 있기 때문이다.

이야기를 더 진행하기 전에 먼저 나와 박윤선 목사님과의 관계를 약술하는 것이 유익할 것 같다. 내가 박윤선 목사님의 존함을 듣게 된 것은 1959년 대한예수교장로회가 합동 측과 통합 측으로 나누인 다음 남산에 있는 일본이 사용했던 옛 신궁 터에서 모이던 총회신학교가 용산역 앞의 한 건물로 이사한 때부터이다. 교단의 분열로 인해 총회신학교도 분열을 피할 수는 없었다. 통합 측 총회신학교는 선교사들의 도움으로 현 위치인 광나루로 이사를 하였고, 합동 측 총회신학교는 경제적인 도움을 받을 수 없는 상황에서 우선 남산에 있는 숭의여자고등학교 맞은편에 있었던 대한신학교의 공간을 잠시 사용하였다. 그런데 미국의 "국제기독교회연맹"(ICCC)의 총재이신 맥긴타이어(Carl McIntire) 박사의 도움으로 용산역 앞에 노란색 건물을 구매하여 그곳으로 이사하였다.

박윤선 박사는 총회신학교의 용산 시절부터 합동 측 총회신학교의 교수로 봉직하시게 되었다. 이 당시 나는 고등학교 학생으로 형님 되신 박형만 장로님이 총회신학교에서 사역하고 계셨기 때문에 총회신학교에 들러 박윤선 박사님의 성함을 알게 되었다. 그리고 나는 대학과 군 복무를 마친 후 1967년 사당동에 있는 총신대학교 신대원에 입학하여 3년 동안 박윤선 목사님의 가르침을 받았다. 이 3년의 기간은 스승과 제자의 관계로 친밀한 교제를 가졌다고 말할 수는 없다. 오로지 박윤선 박사님이 가르치시는 내용에 감명을 받고, 학교 경건회 예배 때에 목이 터지도록 외치시는 하나님의 말씀 선포에 매료되었고 그의 삶에서 풍기는 겸손함과 따스함을 느끼는 정도였다. 3년간 함께 공부했던 모든 친구도 거의 같은 느낌으로 즐거운 신학교 생활을 하였다. 내가 조직신학에도 관심이 있어서 신학교 시절 학생들의 연구 모임인 조직신학회의 멤버로 활동하기도 했지만 내가 신약신학을 전공하게 된 이유는 박윤선 박사님의 영향이 상당 부분 있었기 때문이라고 말할 수 있다.

내가 총회신학교를 졸업하고 미국 필라델피아에 있는 웨스트민스터신학대학원(Westminster Theological Seminary)에 유학하고 있을 때 박윤선 목사님이 자신이 집필하고 계신 성경 주석을 완성하시기 위해 총회신학교를 쉬시고 미국에 오셔서 1971년 필라델피아를 방문하신 일이 있다. 박윤선 목사님이 필라델피아에 오신 것은 풍부한 자료가 있는 웨스트민스터신학대학원의 도서관을 활용하시기 위한 목적이 있었다. 그런데 박윤선 목사님께서 필라델피아에 체재하시는데 필요한 경제적인 뒷받침이 전혀 마련되어 있지 않은 상태였다. 그래서 그 당시 필라델피아에서 목회하셨던 장상선 목사님과 웨스트민스터신학대학원에서 함께 공부하고 있었던 이미 소천한 최낙재 목사와 본인이 주동이 되어 박윤선 박사님 후원회를 조직하여 약간의 도움을 드린 일이 있다. 그러나 박윤선 박사님은 필라델피아에 오래 머물지 않으시고 로스앤젤레스(Los Angeles)로 돌아가셨다. 내가 여기서 이 말을 하는 이유는 그 당시 박윤선 박사님이 총신대학원 교수도 하시고 유명한 분이셨지만 경제적으로는 참으로 어려운 삶을 이어갔다는 사실을 밝히기 위해서이다.

나는 총신대학원에서 박윤선 박사로부터 3년 동안(1967-1969) 가르침을 받았다. 그 당시는 교수와 학생의 관계였기에 교수들의 생활 형편을 알 수가 없었다. 그저 막연하게 교수들은 넉넉한 삶을 사실 것이라 짐작만 할 뿐이었다. 그런데 한동안 박윤선 박사님 가정과 김의환 박사님 가정이 총신대에서 그리 멀지 않은 상도동에 사신 적이 있다. 내가 미국에서 학위과정을 마치고 1977년 총신대학원의 조교수로 부임하여 봉사할 때 김의환 박사님으로부터 들은 이야기이다. 한 번은 박윤선 박사님이 친히 김의환 박사님을 찾아와 "김 박사, 우리 집에

쌀이 다 떨어졌어. 어떻게 하면 좋지"라고 쌀을 구하고 다니셨다는 것이다. 얼마나 형편이 어려웠으면 박윤선 목사님이 친히 쌀을 구하셨을까 생각하면서 마음이 저렸다.

"목사의 딸"을 읽으면서 박윤선 목사님을 아버지로 모시고 사는 자녀들의 형편을 묵상해 보았다. 어린 자녀들이 누릴 것 누리지 못하고 부모님들의 희생적 삶 때문에 고난과 고통을 당하는 것이 얼마나 힘들었을까 생각해 본다. 그런데 그 당시 보통 사람들은 초근목피로 연명할 수밖에 없는 그런 사회적 형편이었다.

우리는 주기철 목사님이 어떤 분이신 것을 잘 안다. 그는 한국 교회의 보배이시고 목사들의 모본이 되신 목사님이시다. 주기철 목사님이 목사로 사역하실 때 박해와 고난의 연속으로 가정형편이 어려운 상황이었다. 그래서 전해지는 이야기는 주기철 목사님의 아들 되신 주광조 장로님이 어릴 적에는 아버지 목사님을 싫어했다고 한다. 주광조 장로님이 어렸을 때 자신의 아버지가 목사인 것을 싫어한 것은 충분히 이해된다. 외적으로는 계속 박해의 손길이 다가오고, 내적으로는 가정의 경제적 형편이 어려워서 제대로 먹지도 못하고 쓰지도 못하면서 자라나는 어린아이의 심정이 아버지가 목사인 것을 좋아할 리 없다. 그러나 주광조 장로님은 어른이 되어서 아버지 주기철 목사님을 폄훼(貶毁)하지 않았다. 어릴 때는 주변의 박해와 경제적 상황 때문에 불평하고 싫어했을지라도 어른이 되어서는 아버지가 하셨던 일이 얼마나 귀하고 복된 일인 것을 깨달은 것이다.

주기철 목사님의 가정만 이런 어려움의 터널을 지나갔는가? 우리가 아는 데로 한국 교회의 보배이신 손양원 목사님의 딸인 손동희 권사님도 같은 삶의 과정을 통과하셨다. 손동희 권사님도 아버지 손양원 목사가 오빠들을 죽인 살인자를 양자로 받아들이는 것을 도저히 이해할 수 없었기 때문에 아버지가 싫고 더 나아가 아버지를 미워하기까지 했다고 한다. 왜 안 그랬겠는가. 어린 나이에 그런 끔찍한 살인을 한 장본인과 한 지붕 밑에서 산다는 것이 얼마나 괴로운 일이겠는가. 그러나 손동희 권사는 어른이 된 후에 그리스도의 사랑만이 아버지가 그런 일을 할 수 있게 했다는 것을 깨닫고 아버지를 더 존경하고 자랑하게 되었다.

주광조 장로님이나 손동희 권사가 한때는 아버지를 원망하고 미워했지만, 아버지를 비판하고 폄훼하는 책을 내지 않았다. 자녀가 어렸을 때 부모님의 형편 때문에 부모님을 원망하고 싫어했을지라도 나이가 들면 부모님의 형편을 이해하고 어렸을 때 부모님을 원망한 사실을 회개하는 것이 상례이다.

그런데 박혜란 목사는 자신이 목사이고 70이 넘은 나이에 "목사의 딸"이라는 책을 써서 아버지를 원망하고 폄훼한 것은 도저히 이해하기 힘든 부분이다.

그리고 또 한 가지 지적하고자 하는 것은 박혜란 목사가 "목사의 딸" 책에서 마치 멘토(mentor)처럼 생각하는 신학자들은 개혁주의 신학자들이 아니다. 물론 개혁주의 신학자가 아니라고 좋은 멘토가 되지 못한다는 뜻은 아니다. 박혜란 목사가 "목사의 딸"에서 언급한 멘토 격인 신학자들이 귀한 분들임을 나도 잘 알고 있다. 그들은 그들의 학문 세계에서 그리스도의 교회를 세우기 위해 헌신한 분들이다. 여기서 그분들의 이름을 밝히지 않는 것은 그분들에게 누를 끼치지 않기 위해서이다.

박혜란 목사는 "한국의 기독교는 유교와 조상숭배 그리고 미신으로 혼합된 종교임을 깨닫게 되었다"(193쪽)라고 한국의 기독교를 통째로 매도하고 있다. 한국의 기독교가 완벽하다고 말할 수는 없다. 목사들도 그리고 성도들도 인간이기에 잘못을 저질을 수는 있다. 그러기에 우리는 하나님 말씀의 교훈을 따라 행위로가 아닌 예수 그리스도를 믿음으로 구원을 받는다고 가르치지 않는가? 문제는 박혜란 목사가 아버지 박윤선 박사의 신학이 잘못되었기 때문에 자녀들에게 그와 같은 행동을 한 것처럼 묘사하고 있기에 지적하는 것뿐이다. 박윤선 박사의 신학은 성경에 근거를 둔 개혁주의 신학이다. 그는 항상 "계시의존사색"(啓示依存 思索)을 강조한 신학자이다. 박윤선 목사의 자녀들이 고난을 경험한 것은 박윤선 목사의 신학이 잘못되었기 때문이 아니요, 그 당시 사회적 상황이 참으로 어려운 형편이었기 때문이다. 또한 박윤선 박사의 천성이 한 곳에 정신을 집중하면 다른 곳에 눈을 돌리지 못하는 성품이기에 가까운 곳에서 함께 생활한 사람들은 때로 이해할 수 없는 경험을 했을 수는 있었을 것이다. 그러나 나는 박윤선 박사의 그런 성품 때문에 보통 사람은 할 수 없는 성경 66권 전체의 주석을 펴냈으리라고 생각한다. 나는 박혜란 목사가 박윤선 박사의 딸이었기에 다른 자녀들이 누릴 수 없는 혜택을 누리며 산 부분도 있었을 것이라고 생각해 본다. 박윤선 박사도 인간이기에 약점이 전혀 없을 수는 없지만, 그는 하나님 앞에서 겸손하고 진실하게 살려고 무척 노력한 분임을 부인할 수 없다. 이런 스승을 주시고 함께 사역할 수 있는 공간을 주신 하나님께 감사와 찬송을 올린다.

신학분야 최고 100명의 전문인(2018년)에 선정

나는 거의 한평생 신학 교수와 총장으로 활동하면서 하나님과 그리스도의 교회를 섬겨왔다. 나의 이런 삶을 인정받아 2004년 12월 국민일보와 세계복음화협회가 공동으로 나에게 "자랑스러운 신학자상"(The most honored theologian of the year)을 수여했다. 참으로 감사할 일이지만 나를 겸손하게 만드는 수상이었다. 그리고 나는 합동신학대학원대학교의 교수와 총장, 서울성경신학대학원대학교 총장, 그리고 웨스트민스터신학대학원대학교 총장으로 사역한 후 2015년 2월 공식적인 사역을 마감했다. 그런데 2017년 12월 영국 케임브리지(Cambridge)에 위치한 국제인명록센터(International Biographical Centre)에서 나를 "2018도 신학분야 최고 100명의 전문인"(Top 100 Professional in

Theological Education-2018)으로 선정했다는 소식을 보내왔다. 나는 그때까지만해도 국제인명록센터라는 기관이 있는지도 몰랐다. 나중에 안 정보이지만 IBC는 전 세계의 전문인 가운데 자신의 분야에서 탁월한 공헌을 하고 존경받을 만한 인물을 선정하여 발표하는 기관이었다. 금번에 내가 신학교육 분야에 기여한 것을 인정받아 100명의 전문인 중 한 사람으로 선정되어 고귀한 수훈의 영광을 받게 되었다. IBC는 나에게 IBC의 명예의 전당에 나의 이름이 영원히 기록될 것이라고 전해왔다. 하나님은 가장 부족한 나에게 크나큰 영광을 허락하신 것이다. 나 자신과 합동신학대학원대학교와의 관계가 존재하지 않았더라면 이런 고귀한 영광을 받을 수 없었을 것으로 생각한다. 여생을 더욱 겸손하게, 더욱 성실하게 주님을 섬겨야 하겠다고 다짐하고 또 다짐한다.

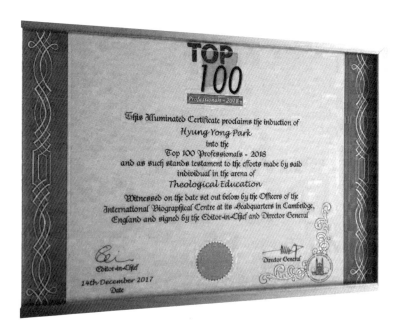

신학분야 최고 100명의 전문인 선정 인증서

합동신학교가 잘한 일 몇 가지

1979년 9월 대한예수교장로회 총회가 분열되었다. 총회의 분열은 지방색과도 관계가 깊다. 합동신학대학원대학교(합동신학교)는 다음 해인 1980년 11월 11일에 설립되었다. 합동신학대학원은 총신대학신대원에서 교수하던 네 명의 교수들이 교단과 학교 내의 비정상적인 상황 때문에 사임함으로 설립된 학교였다. 이제 합동신학대학원이 잘했다고 생각되는 몇 가지 내용을 독자들과 공유하기를 원한다.

지방색 타파 노력

합동신학교는 처음부터 지방색의 병폐를 의식하고 학생들의 학적부에 본적란을 없애기로 하고 지금까지 지키고 있다. 교회 내에서 지방색이 있어서는 안 된다. 교회 내에서의 지방색은 구속을 성취하신 그리스도의 죽음과 부활을 믿는 성도들에게는 있어서는 안 될 악습이다. 지방색은 나라를 망하게 하는 악습이요, 조선 시대의 당파 싸움을 생각나게 하는 패악(悖惡) 중의 하나이다. 특히 목회자를 양성하는 신학교에서는 말할 필요도 없다. 나는 학생들에게 한국의 상황을 이야기하면서 영남이니 호남이니 하면서 지방색을 나타내는 것은 결코 있어서는 안 된다고 가르쳐 왔다. 나는 "여러분이 세계지도를 펴 놓고 한반도 위에 여러분의 엄지손가락을 얹어보라. 그러면 한반도는 여러분의 시야에서 사라진다. 하지만 여러분의 엄지손가락을 미국이나 중국이나 러시아나 호주에 얹어보라. 아무리 눌러도 그 나라들은 여러분의 시야에 나타난다. 이렇게 작은 나라 한국에서 살면서 무슨 지방색을 내세울 수 있는가. 지방색은 사회에서도 있어서는 안 되지만 교회 내에서는 더욱더 근절되어야 한다."라고 가르쳐 왔다. 합동신학대학원은 학생들에게 의지적으로라도 지방색을 초월하도록 가르쳐 왔다.

무감독 시험

합동신학대학원 학생들은 학기 말이나 중간시험을 치를

때 감독 없이 시험을 치르는 전통을 가지고 있다. 합동신학교를 시작할 때 교수들은 육군사관학교도 무감독으로 시험을 치른다고 하는데 하나님을 두려워하고 목사 양성을 하는 신학교에서 감독을 둔다는 것은 말이 안 된다고 생각했다. 그래서 교수들은 감독 없이 시험을 치르는 관행을 세우기로 결정했다. 시험 시간에 학교 직원이 시험지를 나누어 주고 학생들 스스로 분위기를 조성하여 부정행위를 하지 못하도록 한다. 그리고 시간이 끝나면 학교 직원이 시험지를 모아서 담당 교수에게 전달하는 방법이다. 그런데 지금까지의 기록으로 볼 때 두 번 정도 학생이 부정행위를 한 경우가 있었다. 이 경우 동료 학우가 학교 당국에 연락해서 부정행위에 상응한 처벌을 받게 한 경험이 있긴 하다. 이처럼 학생들 스스로가 학교의 좋은 전통을 이어나가기 위해 서로 노력하는 모습은 참으로 감사할 일이다. 무감독 시험의 전통은 잘 지켜져서 지금도 합동신학대학원대학교는 무감독으로 학생들이 시험을 치른다.

신학정론 출판

합동신학교는 1980년 어려운 상황 속에서 설립되었지만 몇 가지 잘 결정하고 시행한 자랑거리들이 있다. 합동신학교가 잘한 일 중 하나는 학교가 설립되어 경제적으로 대단히 어려울 때이지만 교수들의 저작 활동을 돕기 위하여 교수 논문집으로 신학정론(神學正論)을 1983년 3월에 창간호를 출간하고 1년에 두 번씩 출판하기로 한 것이다. 교수들의 수많은 주옥같은 연구 논문이 신학정론을 통해 발표되었다.

신학정론이란 명칭은 이미 언급한 것처럼("박형룡 박사와 박형용, 이름이 가져다주는 일화들"이란 소제목에서 언급) 박형룡 박사님이 서울 남산 중턱 일제의 신사 터에서 신학교를 운영할 때 학술지 명칭으로 사용했던 이름이었지만 오랫동안 사용하지 않고 있던 명칭이었다. 총신대학신대원을 떠나 온 교수들과 학생들이 세운 합동신학대학원에서 총신대학신대원의 정론지인 "신학지남"(神學指南)이라는 이름은 사용할 수 없었고 다른 이름을 찾다가 합동신학대학원은 정론지의 이름을 "신학정론"으로 하자는 의견의 일치를 보아 정하게 된 것이다. 사실 합동신학대학원의 교수들은 박형룡 박사님이 "신학정론"을 출판한 사실도 알지 못한 상태에서 합동신학대학원의 정론지의 이름을 정한 것이다. 합동신학대학원의 교수들은 후에 박형룡 박사님이 신학정론을 펴내신 것을 알게 되었다. 그러므로 합동신학대학원의 신학정론은 박형룡 박사의 신학정론을 이어서 출판한 것이 아니다. 나는 박형룡 박사가 출판한 신학정론 창간호(1949. 1)와 신학정론 제2권 1호(1950. 2)

와 신학정론 제3권 1호(1953. 1) 등 3권을 헌책 판매원으로부터 매입하여 현재 소유하고 있다. 2018년 현재 합동신학대학원대학교가 출판한 신학정론은 36권까지 출판되었다.

박형룡 박사의 신학정론 창간호와 합동신학대학원대학교의 신학정론 창간호

시간, 나무가 되다 : 거목이 된 한 순례자의 시간

합신출판부 설립

합동신학교가 잘한 일 중 또 한 가지는 합신출판부를 설립한 것이다. 합동신학교는 1987년 수원시에 합동신학교출판부를 등록하여(2-44호) 신학정론 등 비 판매 유인물을 출판해 왔다. 그런데 좀 더 적극적으로 교수들의 저서 출판을 돕기 위해 많은 관심을 가지고 있었다. 그래서 합동신학교는 교육부(당시 문교부)에 학교의 한 기관으로 합신출판부 허가를 신청했는데 교육부의 응답은 학교 내의 소형 출판부는 대부분 적자 운영이 되기 때문에 결국은 학생들의 등록금으로 적자를 메울 수밖에 없어 허가할 수 없다는 통보였다. 이 통보를 받은 우리는 합신출판부를 독립적으로 운영하되 학교 출판부처럼 운영한다는 취지로 2005년 4월 1일 세무서에 합신출판부로 사업자등록을 한 것이다. 문제는 합신출판부의 운영 자금이었다. 그래서 합동신학교를 돕는 교회에 직접적으로 합신출판부를 도와달라고 부탁한 것이다. 그 이유는 교회가 합동신학교의 재정으로 후원된 헌금은 법적으로 결코 합신출판부를 위해 사용할 수 없었기 때문이다. 합신출판부는 2018년 현재까지 약 130여 권 정도의 귀한 신학책들과 주해서를 출판하였고 그중에 여러 판을 거듭한 책도 많다.

정암 신학강좌 개설

합동신학교가 잘했다고 생각하는 또 한 가지 일은 정암 신학강좌를 개설한 것이다. 정암은 고 박윤선 목사님의 아호(雅號/pen name)이다. 박윤선 박사님은 부산에 소재한 고려신학대학원과 서울 동작구 사당동 소재 총회신학대학원을 위해 봉사하시고 그의 생애 마지막에 1980년부터 1988년까지 8년 동안 합동신학교를 위해 헌신하셨다. 박윤선 박사님은 한국 교회의 주경신학의 기초를 놓으신 학자이시다. 박윤선 박사님은 1988년 1학기까지 합동신학교 강단에서 가르치시고 1988년 6월 30일 하나님의 부르심을 받았다. 합동신학교 교수회는 정암 신학강좌를 매년 갖기로 결의하고 1989년부터 2018년 현재까지 매년 개최하고 있다. 정암 신학강좌는 단지 정암의 신학과 삶만을 연구하기 위해 개설된 것이 아니다. 정암 신학강좌는 정암을 포함한 모든 개혁주의자의 신학을 연구 발표하는 장으로 개설된 것이다. 정암이 살아 계실 때 계시의존 사색으로 항상 하나님의 말씀에 기초한 학문을 연구해 오신 것처럼 정암신학 강좌는 정암의 뜻을 이어 개혁주의 신학 창달(暢達)에 기여하기 위한 것이다. 정암이 항상 마음에 두고 실천했던 "계시의존 사색"(啓示依存 思索)과 "여주 동행"(如主 同行)을 후학들이 기억하고 실천하기를 기대해 본다.

생활관 옆 대지 매입

합동신학대학원대학교가 잘했다고 생각하는 또 한 가지 일은 생활관 옆에 위치한 28,467㎡(8,625평)을 1998년 2월에 매입한 사건이다. 원래 합동신학대학원은 수원시 영통구 광교중앙로 50에 위치한 75,085㎡(22,753평) 학교 대지를 1982년 11월에 토지개발공사로부터 매입하여 시작하였다. 그런데 1996년부터 현재 생활관 옆 대지에 운전교습소가 들어온다는 소문이 퍼지기 시작하였다. 그래서 그 당시 합동신학대학원 기획실장이었던 나는 신복윤 총장을 위시한 교수님들과 의논한 후 생활관 옆 8,600여 평을 매입하기로 의견을 모았다. 그런데 합동신학대학원에는 재정적인 준비가 전혀 되어 있지 않았다. 나는 그 당시 총무처장이었던 임정일 처장에게 "우리가 거래하는 은행에 가서서 학교 이름으로 한 통장에 1,000원씩 넣어 통장을 300개 만들어 오라"고 부탁했다. 임정일 처장이 은행에 갔다 오더니 은행에서 난처한 일이라고 거부 의사를 표했다고 전언하였다. 그래서 나는 임 처장에게 "무슨 말씀을 그렇게 하시느냐"라고 말하고 "만약 내가 오늘 은행에 가서 한 통장에 1,000원씩 넣으면서 통장 10개를 만들어 달라고 하면 은행은 통장을 만들어 줄 것이다" 그리고 "또 내일 은행에 가서 같은 방법으로 통장 10개를 만들어 달라고 하면 거절하겠느냐"

라고 말하면서 임 처장에게 다시 은행에 가서 통장 300개를 만
드시라고 부탁했다. 결국, 임정일 처장이 합동신학대학원 이
름으로 통장 300개를 만들어 왔다. 지금 생각해도 특이한 발상
의 행동이었다. 그리고 은행도 대단한 일을 한 것이다. 나는 통
장을 먼저 모든 교수에게 하나씩 나누어 주고 우리가 매입하
려는 땅이 1평에 약 180,000원 정도이니 한 평에 200,000원으로
계산하여 5평 헌신하실 분은 일백만 원 저축이 되면 학교로 가
져오고, 10평 헌신하면 이백만 원 저축이 되면 학교로 돌려달
라고 했다. 그리고 약 300명 되는 학생들에게 한 통장씩 나누어
주면서 커피 마실 것 절약하고, 짜장면 먹을 것 절약하여 이 통
장에 저축해서 200,000원이 차면 학교로 가져오라고 부탁하였
다. 이렇게 한 이유는 무슨 일을 하든지 우리가 먼저 헌신하지
아니하면 호응이 뒤따라오지 않기 때문이었다. 그리고 생활
관 옆 대지를 매입하기 위해 합동신학교를 돕는 여러 교회에
요청할 헌금액을 정하여 리스트를 만들었다. 어느 교회는 1억
5천만 원, 어느 교회는 5천만 원, 어느 교회는 백만 원 또 어느
교회는 십만 원 등 교회의 형편을 감안하여 헌금액을 정하고,
그 프로젝트(project)와 방법을 합동신학대학원 이사회의 허락
을 받아 집행하기에 이르렀다. 결국 이런 방법으로 모금을 하
여 생활관 옆 8,600여 평을 매입하게 되었다. 지금은 합동신학

대학원대학교가 그 땅을 매입하였기에 균형 잡힌 학교의 캠퍼스를 소유할 수 있게 되었고 교수와 학생들이 자주 산책하는 장소로도 사용하고 있다. 합동신학대학원을 사랑하는 교수님들, 학생들, 그리고 여러 교회들의 적극적인 헌신이 없었더라면 이 일은 불가능했을 것이다. 지금도 합동신학대학원을 둘러싼 여러 믿음의 공동체의 헌신이 지속하는 줄 알고 감사의 뜻을 표한다.

총장 임용에 대한 불문율

한국의 교육법으로 학교의 총장은 누구나 할 수 있다. 그래서 많은 신학대학교가 설립자 가족이 대대로 총장을 하는 경우도 있고, 또 어느 교단의 신학교는 교수 중에서 선임하지 않고 정치적으로 힘 있는 사람을 총장으로 선임하기도 한다. 그런 관계로 많은 신학교가 내부적인 갈등을 겪고 있다. 그러나 합동신학대학원대학교는 설립 초기부터 한 사람이 4년의 한 텀(term)만 총장으로 학교를 섬기는 관례를 가지고 있다. 그리고 총장은 학교 밖에서가 아니요, 교수들 중에서 교수 사역 기간을 참작하여 이사회가 선임해 왔다. 그래서 합동신학대학원대학교에서는 총장 선임과 관련하여 큰 잡음이 없다.

합동신학대학원대학교는 1980년 11월 시작하면서 정부 인가가 없었기 때문에 합동신학원으로 공식 명칭을 사용하였다. 그래서 박윤선 박사가 1980년 11월부터 초대 원장으로 수고하셨다. 그런데 1983년 교육부로부터 학교법인 인가를 받은 관계로 1985년 수원 시대를 열 때는 공식 명칭이 합동신학교가 되었다. 그리고 그 당시 외국 시민권자는 학교의 장이 될 수 없었다. 박윤선 박사는 미국 시민권자로 교육부의 인가를 받은 합동신학교의 장이 될 수 없어서 자연스럽게 1985년 제2대 교장에 신복윤 박사가 취임하였다. 외국 시민권자가 학교의 장이 될 수 없는 법은 몇 년 후에 폐지되었다. 신복윤 박사가 교장으로 봉직하고 있는 동안 박윤선 박사님이 생존해 계셔서 박윤선 박사님이 학교 운영에 크게 이바지하셨다. 제3대 교장은 1989년 김명혁 박사가 취임하였고, 제4대 교장에는 1993년 윤영탁 박사가 취임하였다. 윤영탁 박사가 교장으로 봉직하는 동안 합동신학교는 단설대학원 제도의 도입으로 1996년 12월 합동신학대학원대학으로 승격 인가를 받았고, 제5대 학장으로 1997년 3월 신복윤 박사가 취임하였다. 신복윤 박사의 제5대 학장 취임으로 신복윤 박사는 두 차례 학교의 장으로 봉사하게 된 것이다. 이때 약간의 잡음이 없지 않았으나 신복윤 박사의 제2대 교장은 사실상 박윤선 박사와 동역한 셈이고 또한 학교가 대학원대학으로 승격되었기에 이사들의 결정을 그대로 수용하였다. 신복윤 박사가 합동신학대학원대학의 학장으로 봉사하는 중 다른 대학원대학교가 정부 인가를 받아 학교의 책임자를 "총장"으로 부름으로 제일 먼저 대학원대학이 된 합동신학대학원대학도 "교"자를 뒤에 부치고 학교의 장을 총장으로 부르기 시작했다. 제6대 총장은 2001년 3월 필자인 박형용이 취임하고, 제7대 총장은 2005년 3월 오덕교 총장이 취임하고, 제8대 총장은 2009년 3월 성주진 총장이 취임하고, 제9대 총장은 2013년 2월 조병수 총장이 취임하고, 현재 제10대 총장으로 정창균 총장이 2017년 2월에 취임하여 학교를 잘 섬기고 있다. 이처럼 합동신학대학원대학교는 총장 선임 문제로 잡음이 생기지 않고 교수 중에서 한 텀(term) 씩 봉사하는 것을 불문율로 지키고 있다. 이 불문율이 철칙이 될 수는 없겠지만 나는 합동신학대학원대학교처럼 작은 학교는 어느 교수든지 맡겨주면 운영할 수 있고 교수들과 협의하여 학교를 발전시킬 수 있다고 생각한다.

합신 출신과 타교 출신 교수의 비율

초창기 합동신학교의 교수들이 앞으로 합동신학대학원은 교수 비율을 합신 출신 60% 혹은 70%를 유지하고, 40%나 30% 정도는 비 합신 출신으로 확보해야 한다고 불문율로 결정하였다. 그 이유는 모든 교수가 합신 출신으로 구성되면 학교가 창의성이 결여되고 정체될 뿐만 아니라 결국 공동체 자체가 썩기 시작하기 때문이다. 한국은 학연·지연 때문에 배타적 편견이 많이 작용하는 나라이다. 하나님은 어느 믿음의 공동체이든지 풍요한 다양성(diversity)을 통해 통일성(unity)이 유지되기를 원하신다. 초창기 합동신학교의 교수들은 합동신학대학원이 다양성을 존중하면서 연합된 공동체로 발전하기를 소원한 것이다. 합동신학대학원은 지금까지 이 불문율을 어느 정도 지키고 있다.

학생들의 인사 습관

합동신학대학원의 또 하나 자랑거리는 모든 학생에게 캠퍼스에서 누구를 만나든지 반드시 인사를 하라고 가르친 것이다. 인사를 하는 것은 사소한 문제 같지만 사실상 한 공동체의 체질을 바꾸는 역할을 한다. 합동신학대학원 학생들은 같은 교정에서 같은 날 같은 사람을 몇 번 만나든지 만날 때마다 인사하도록 교육받았다. 그래서 합동신학대학원 학생들은 교정에서 인사를 잘한다. 나는 여러 사람으로부터 합동신학대학원에 처음으로 갔는데 전혀 모르는 학생들이 인사를 해서 감동을 하였다고 말하는 것을 들었다. 또 다른 차원에서 합동신학대학원대학교에는 인사와 관련하여 특별한 좋은 전통이 있다. 그것은 어느 강의실이든지 교수가 강의하기 위해 강의실로 들어가면 모든 학생이 자리에서 일어난다. 이는 교수에 대한 학생들의 존경의 표시이다. 교수는 기도하고 학생들을 앉게 한 다음 강의를 시작한다. 신학교는 오직 지식전달의 장(場)이 아니요, 인격적인 영향을 통해 차세대의 교회 리더들을 양육하는 장소이기 때문이다.

전체 학생들에게 점심을 공궤(供饋)하는 관행

합동신학대학원대학교의 또 하나의 자랑거리는 학기 중 여러 기관이 학교에 찾아와 학생들에게 맛있는 점심을 정성스럽게 대접한다는 사실이다. 이와 같은 봉사의 관행은 합동신학대학원이 수원 캠퍼스에 정착될 때부터 시작하였다. 이렇게 학교를 찾아와 점심을 제공하는 기관들은 총동문회 임원들, 전국장로회연합회, 총회전도부, 총회에 속해있는 몇 노회와 몇 교회로서 각 기관이 한 학기에 1회씩 학생들을 대접한다. 각 기관의 점심 봉사를 종합해 보면 1학기에 대략 13회나 14회가 된다. 이와 같은 사실은 합동신학대학원 학생들은 일주일에 1회꼴로 교회와 성도들로부터 사랑의 애찬을 무료로 받는 셈이 된다. 현재 합동신학대학원 학생들의 숫자는 대략

310명 정도 된다. 그리고 이 학생들을 대접하기 위해 필요한 경비는 대략 200만 원-250만 원 정도 든다고 한다. 바라기는 각 노회와 각 교회, 그리고 지금까지 합동신학대학원을 졸업한 각기 선배들이 더욱 힘을 내서 신학생들이 한 주에 2회 정도 점심 공궤를 받을 수 있었으면 한다.

계속되는 동문들의 스승에 대한 예우

매년 5월이 되면 합동신학대학원의 은퇴 교수들은 일정 잡기가 힘들다. 왜냐하면, 5월은 스승의 달이기 때문이다. 총동문회는 물론 각 회기의 동문들이 현 총장과 은퇴한 은사들을 위로한다고 일정을 잡기 때문이다. 물론 모든 회기의 동문들이 그렇게 하는 것은 아니다. 그러나 상당수의 회기 동문들이 5월을 기해 일정을 잡고 스승들에게 식사대접을 하고 소중한 선물을 제공한다. 대한민국 내에서 학교를 이미 졸업한 동문들이 매년 은퇴한 스승들을 이렇게 예우한 신학교가 몇이나 될까 생각하게 된다. 합동신학대학원은 "합동고등학교"라는 별칭이 있듯이 공부만 어렵게 시키는 학교가 아니요, 인격적인 목회를 중하게 생각하면서 제자들을 양육한 학교라고 자부하고 싶다. 그런 교육을 받은 목사들이기에 자신들의 목회 일정도 바쁠 텐데 과거의 은사들을 위로하기 위해 많은 시

간을 할애한다. 작은 배려와 작은 사랑이 상대방의 마음을 기
쁘게 하고 살만한 세상으로 만드는 것 같다. 은퇴 교수들은 동
문들에게 진정으로 감사의 마음을 전한다.

정리하면서

나의 삶은 합동신학대학원대학교에서 끝나지 않는다. 나는 합동신학대학원대학교를 은퇴한 후 서울성경신학대학원대학교 총장으로, 웨스트민스터신학대학원대학교 총장으로 계속 봉사했고 지금도 중국 목회자들을 위해 임광신학교를 책임지고 있다. 그러나 나는 합동신학대학원대학교의 이야기로 회고의 내용을 마친다. 합동신학대학원대학교가 나의 생애에 그만큼 큰 자리를 차지하고 있기 때문이다.

지금까지의 기록은 한 성도가 예수 믿고 한평생 살면서 어려움도 많이 있었지만 하나님의 인도로 즐겁고 당당하게 살아온 단편적인 이야기들이다. 물론 여기 담은 내용은 나의 자서전은 아니다. 무엇보다도 하나님은 허물 많은 나에게 그리스도 안에서의 영원한 생명을 주셔서 당당하게 살 수 있도록 하셨다. 지난날을 돌이켜 보면서 내가 예수님을 만나지 못했더라면 어떻게 되었을까 생각해 본다. 나의 삶의 그림이 전혀 다른 모습으로 그려졌을 것을 상상해 본다. 하나님은 시골 벽촌에서 태어난 촌놈을 귀하신 부모님 밑에서 자라게 하시고, 좋은 스승들로부터 교육을 받게 하시고, 좋은 신학을 공부할 수 있도록 하시고, 좋은 가정과 자녀들을 주시고, 좋은 만남을 주시고, 좋은 친구들을 주시고, 좋은 동료들을 주셔서 한평생을 유익하게 살 수 있도록 하셨다. 본서를 마무리하면서 "과정의 공정성이 없으면 결과의 정당성도 훼손될 수 있다"(If there is no fairness in the process, there will be no justice in the result.)는 말을 되새겨 본다. 현재의 성실성은 삶의 좋은 열매를 맺게 한다. 어제는 역사이고 내일은 신비인데 하나님의 선물인 오늘을 어떻게 사용하느냐에 따라 내일의 신비의 내용이 달라진다는 말을 기억해 본다. 나의 한평생의 삶의 면면에서 하나님의 손길을 느낀다. 좋은 부모와 좋은 형제자매, 그리고 좋은 가정과 자녀들과 좋은 친구들과 동역자들을 주신 하나님께 감사와 찬양을 드린다.